CODE

DES PATENTES

EXPLIQUÉ PAR SES MOTIFS

PAR LA DISCUSSION AUX DEUX CHAMBRES ET PAR LA JURISPRUDENCE

CONTENANT

1° Le texte de la loi nouvelle sur les Patentes
2° La solution, sous chaque article, des difficultés et des principales questions que présente le texte
3° La nouvelle classification des professions patentables
4° Une table alphabétique raisonnée des matières

PAR M. G. BALMELLE

Avocat à la Cour royale de Paris

Paris

A. MARERSQ, LIBRAIRE-ÉDITEUR

Rue des Grès-Sorbonne, 12, près l'École de Droit

Et chez l'AUTEUR, rue de la Sorbonne, 1

1844

INTRODUCTION.

Les besoins de l'époque réclamaient depuis long-temps la révision de la législation sur la contribution des patentes. Il était urgent de rétablir l'équilibre entre les diverses classes de commerçants et d'industriels. Des industries perfectionnées s'étaient élevées au-dessus des industries rivales demeurées stationnaires; des objets de fabrique, jadis en faveur, étaient écartés ou dépréciés; des industries nouvelles, qui n'avaient pas de similaires dans les tarifs primitifs, ne pouvaient être convenablement classées par analogie; enfin, les découvertes de la chimie, les applications de la mécanique, la puissance de la vapeur, avaient tellement changé la situation commerciale et industrielle pour laquelle la législation avait été faite, que l'administration n'avait plus de règle certaine pour asseoir les taxes, que les conseils de préfecture jugeaient les mêmes questions dans des sens différents, et que la jurisprudence du conseil d'État avait elle-même peine à se fixer. D'un autre côté, le taux du dixième pour le droit proportionnel était devenu exorbitant, en raison de l'élévation progessive du prix des locations (1).

Dans les derniers temps de la restauration, quelques tentatives furent faites dans le but de mettre la loi des patentes en harmonie avec les nécessités nouvelles. Ces tentatives demeurèrent sans résultat. Deux projets de loi, élaborés en 1833 et en 1835, furent également abandonnés. Ce n'est qu'après une étude nouvelle et approfondie de la matière, que satisfaction vient enfin d'être donnée aux réclamations du commerce.

Au moment de l'adoption, par les Chambres, du nouveau projet de loi, il nous semble opportun d'offrir aux patentables un commentaire précis et simple, qui leur serve de guide pratique dans leurs rapports

(1) Exposé des motifs présenté à la Chambre des Pairs (séance du 20 mars 1844).

avec l'administration des contributions directes. À cet effet, nous nous sommes appliqués à donner, sous chaque article, une explication nette et précise du texte ; à signaler les modifications apportées au système de la loi du 1er brumaire an VII ; à résoudre, à l'aide de la discussion aux deux Chambres et de la jurisprudence, les difficultés que la loi nouvelle peut présenter dans son application, et à la coordonner avec les dispositions des lois antérieures non abrogées. Une *table* alphabétique et raisonnée permet à chaque patentable de connaître avec promptitude la position qui lui est faite par cette loi, et de saisir facilement les dispositions qu'il lui est nécessaire de consulter.

Ce commentaire, imprimé en *petit texte*, ne contient que cinq feuilles : il eût pu facilement former un volume in-8°, si nous n'avions désiré par la modicité du prix, le mettre à la portée de tous.

CODE DES PATENTES,

D'APRÈS LA LOI NOUVELLE.

Dispositions préliminaires.

ARTICLE 1er.

Tout individu, français ou étranger, qui exerce en France un commerce, une industrie, ou une profession non compris dans les exceptions déterminées par la présente loi, est assujéti à la contribution des patentes.

1. La patente est un impôt de quotité annuellement perçu sur les commerçants à raison de leur profession ; cet impôt, qui constitue l'un des éléments de la conbution directe, a été établi par la loi du 2-17 mars 1791, abolitive des droits de maîtrises et de jurandes. Supprimé par la loi du 21 mars 1793, il fut rétabli par la loi du 4 thermidor an III, et définitivement organisé par la loi du 1er brumaire an VII.

2. La patente est due par tout individu, français ou étranger, qui exerce en France une profession non comprise dans les exemptions énumérées par l'art. 15.

3. En conséquence, il a été jugé que la patente est due par le militaire qui exerce, en dehors de son service et pendant la durée d'un congé illimité, une profession sujette à patente. — Ord., 1er août 1857 (Renard). — 12 avril 1858 (Charreau). — 19 décembre 1859 (Girardin).

4. De même, l'entreprise étrangère de transports, qui établit en France des bureaux de correspondance, est soumise à la patente. — Ord., 1er juillet 1859 (Bosson).

5. Peu importe d'ailleurs que la profession commerciale ou industrielle soit exercée en contravention à la loi, la patente n'en est pas moins due. Ainsi, le courtier démissionnaire qui se livre, après son remplacement, à des opérations de courtage ; l'agent de change qui, après sa démission, se livre à des négociations d'effets publics, doivent être soumis à la patente. — Ord., 14 février 1858 (Deriencourt-Plé). — 17 février 1843 (Giral).

6. Néamoins, les commerçants ne sont pas astreints à réclamer eux-mêmes leur inscription au rôle des patentes. Sous la loi de brumaire qui disposait que tout individu exerçant une profession patentable devait *se munir* d'une patente, les tribunaux de police se déclaraient incompétents pour prononcer une peine contre un particulier qui était en défaut de prendre patente, mais qui ne faisait devant eux aucun acte pour lequel l'énonciation de la patente fût exigée. — 24 août 1807 (Festa); Cour cass. — Rejet.

Afin d'indiquer d'une manière plus positive que le défaut de patente n'entraîne aucune pénalité, ni aucune incapacité contre celui qui ne s'en est pas pourvu, la 'oi nouvelle dit seulement que tout commerçant *est assujéti* à la patente. Le patentable n'est pas responsable de son omission sur les rôles. Toutefois, afin qu'un grand nombre de professions, qui n'ont aucun signe apparent, ne puissent échapper à la vigilance de l'administration, et que ceux qui les exercent soient intéressés à se dénoncer eux-mêmes, la loi attache au défaut de patente des inconvénients graves. (V. art. 26, 27 et 28.)

7. Lorsqu'un patentable cesse la profession à raison de laquelle il était soumis à la patente, il doit être déchargé de l'impôt. La cessation de commerce est suffisamment constatée par une déclaration faite à la mairie du lieu où s'exerçait le commerce. — Ord., 14 mai 1817 (Pignol). — Cette déclaration peut être suppléée par des certificats délivrés par le tribunal de commerce et par le maire, ou par le témoignage de personnes dignes de foi; mais la contribution des patentes étant due pour l'année entière (art. 25), la cessation de commerce n'en affranchit qu'à partir du mois de janvier suivant la cessation.

8. L'impôt de la patente est compté pour le cens électoral, pourvu que la patente ait été prise et l'industrie exercée depuis un an au moins avant la clôture de la liste électorale, lorsqu'il s'agit d'élections législatives ou départementales (L. 19 avril 1851, art. 7; et l. 22 juin 1855, art. 4).

Art. 2

La contribution des patentes se compose d'un droit fixe et d'un droit proportionnel.

9. D'après la loi du 17 mars 1791, qui établit la contribution des patentes, l'impôt consistait uniquement en un droit proportionnel assis sur la valeur du loyer des maisons d'habitation, boutiques et ateliers occupés par les patentables. Ce système, en acceptant la valeur locative comme signe unique de l'importance des industries et des professions, violait l'égalité proportionnelle qui doit régner entre tous les patentables. La loi du 6 fructidor an IV eut pour objet de remédier a cet inconvénient : elle composa la contribution de chaque patenté de deux éléments essentiels : *le droit fixe*, le même pour tous les commerçants exerçant dans la même commune, ou dans des communes de population égale; *le droit proportionnel*, assis sur la valeur des locaux servant à l'exercice de chaque industrie.

Les lois des 19 fructidor an IV, 9 frimaire an V et 9 pluviôse an V, et la loi du 1er brumaire an VII complétèrent et régularisèrent ce système. La loi nouvelle consacre la division des droits de patente en droits fixes et en droits proportionnels.

Droit fixe.

Art. 5.

Le droit fixe est réglé conformément aux tableaux A, B, C annexés à la présente loi.

Il est établi :

Eu égard à la population, et d'après un tarif général, pour les industries et professions énumérées dans le tableau A.

Eu égard à la population, et d'après un tarif exceptionnel, pour les in-
dustries et professions portées dans le tableau B.
Sans égard à la population, pour celles qui font l'objet du tableau C.

10. La loi du 1er brumaire an VII et les lois de finances de 1817 et 1818,
divisaient les professions en cinq catégories : 1° les professions comprises dans le
tableau général de la loi de brumaire; 2° les professions hors classe; 3° les fabriques à métiers; 4° les filatures; 5° les établissements industriels dont le classement est fait par les autorités locales. La loi nouvelle divise les professions en
trois catégories seulement. Le tableau A comprend les professions dont la prospérité se mesure par le chiffre de la population du lieu où elles s'exercent, telles
que les professions de marchands en boutiques ou en magasins. Le tableau B s'applique à quelques professions qui doivent être taxées eu égard à la population, et
qui, néanmoins, à raison de l'importance et de la nature de leurs opérations, ne
peuvent être frappées du droit établi par le tarif du tableau A. Le tableau C comprend les fabriques à métiers, les filatures et tous les autres établissements industriels. Dans un quatrième tableau, le tableau D, sont énumérées les exceptions à
la règle générale qui fixe le droit proportionnel au vingtième de la valeur locative.

11. Aujourd'hui, comme sous la loi de brumaire, le maximum du droit fixe
est de 300 fr. pour les professsions comprises au tableau A. Ce maximum est de
1,000 fr. pour les professions comprises au tableau B, et de 10,000 fr. pour celles
comprises au tableau D.

ART. 4.

Les commerces, industries et professions non dénommés dans ces tableaux
n'en sont pas moins assujétis à la patente. Le droit fixe auquel ils doi-
vent être soumis, est réglé d'après l'analogie des opérations ou des ob-
jets de commerce, par un arrêté spécial du préfet rendu sur la propo-
sition du directeur des contributions directes, et après avoir pris
l'avis du maire.
Tous les cinq ans, des tableaux additionnels, contenant la nomenclature
des commerces, industries et professions, classées par voie d'assimila-
tion, depuis trois années au moins, seront soumis à la sanction légis-
lative.

12. Les trois tableaux A, B, C pouvant contenir des omissions, des professions nouvelles pouvant chaque jour se produire, il fallait donner à l'administration les
moyens de les atteindre, sans l'obliger à recourir à chaque instant au pouvoir législatif; tel est le but de l'art. 4. La loi de l'an VII déléguait (art. 35) aux administrations alors chargées de la délivrance des patentes, le soin de classer pas assimilation les professions omises dans les tableaux annexés à cette loi. En l'an IX,
ce droit fut remis aux préfets, sauf recours au conseil de préfecture et par appel
devant le conseil d'État.

13. Le projet de loi présenté par le gouvernement laissait au préfet le droit de faire
le classement; mais ce classement n'était que provisoire : il devait être statué annuellement, par un réglement d'administration publique, sur les cas d'assimila-

tion. Le projet proposait en même temps de ne plus admettre le patentable à se pourvoir contre l'arrêté du préfet. Cette innovation grave, en ce qu'elle atteignait le droit de défense personnelle, *droit sacré surtout en matière d'impôt* (1), a été justement repoussée. L'arrêté du préfet demeure soumis, de la part du patentable qui se croit indûment classé, au recours au conseil de préfecture, et par appel devant le conseil d'Etat. Les réclamations doivent être présentées dans les formes les délais fixés par l'art. 22.

14. L'arrêté du préfet qui statue sur des cas d'assimilation, doit être spécial; il ne suffirait pas d'une décision rendue d'une manière implicite en arrêtant le rôle (2). Le préfet ne doit statuer que sur l'avis du directeur des contributions et après avoir entendu les observions du maire. Bien que le maire ait déjà reçu communication de la matrice, et qu'il ait usé du droit que la loi lui donne d'y consigner ses dires, il doit être invité à donner, d'une manière expresse, son avis sur chaque cas d'assimilation.

15. Afin d'obvier aux incertitudes et aux contradictions de la jurisprudence, le pouvoir législatif sera appelé, tous les cinq ans, à sanctionner les nouveaux tableaux établis par assimilation.

Art. 5.

Pour les professions dont le droit fixe varie en raison de la population du lieu où elles sont exercées, les tarifs seront appliqués d'après la population qui aura été déterminée par la dernière ordonnance de dénombrement.

Néanmoins, lorsque ce dénombrement fera passer une commune dans une catégorie supérieure à celle dont elle faisait précédemment partie, l'augmentation du droit fixe ne sera appliquée que pour moitié pendant les cinq premières années.

16. Cette disposition améliore la condition des patentables domiciliés dans une commune qui, par suite d'un nouveau dénombrement, passe d'un degré de population à un degré supérieur. L'augmentation du droit fixe ne leur est appliquée que pour moitié seulement pendant les cinq premières années. Au bout de cinq années, une nouvelle ordonnance de dénombrement survient; si elle ne confirme pas l'ordonnance précédente, les anciens droits sont rétablis; si elle la confirme, la seconde moitié de l'augmentation est imposée aux patentables; mais alors l'accroissement de prospérité de la commune a été confirmé par deux épreuves successives, et une augmentation de taxe peut mieux se justifier aux yeux mêmes de ceux qui doivent la supporter.

Art. 6.

Dans les communes dont la population totale est de 5,000 ames et au-dessus, les patentables exerçant dans la banlieue des professions imposées eu égard à la population, paieront le droit fixe d'après le tarif applicable à la population non agglomérée.

(1) Rapport de M. Vitet à la Chambre des Députés.

(2) Rapport de M. Vitet à la Chambre des Députés. — Le contraire était décidé sous la loi de brumaire. —Ordonn., 22 févr. 1838 (Gauthier).

Les patentables exerçant lesdites professions dans la partie agglomérée,
paieront le droit fixe du tarif applicable à la population totale.

17. La loi du 1er brumaire an VII assujétissait au même droit fixe les marchands établis dans un hameau dépendant d'une commune urbaine et le marchand exerçant dans la ville même. Or, il est incontestable que le commerce de la banlieue ne réalise que de très-faibles bénéfices relativement à ceux obtenus dans les grandes villes. Pour établir une taxe équitable, la loi nouvelle distingue la population agglomérée de la population éparse, et elle impose le commerçant établi dans la ville d'après le chiffre de la population *totale*, tandis que celui qui exerce hors de la ville n'est imposé que d'après le chiffre de la population *éparse et non agglomérée*. L'article 24 de la loi du 21 avril 1832 contient, pour l'impôt des portes et fenêtres, une disposition semblable.

18. Le projet de loi renfermait un troisième paragraphe, qui disposait que, dans aucun cas, les patentables de la banlieue ne paieraient un droit plus élevé que ceux de la partie agglomérée. Ce paragraphe a été retranché comme rentrant dans le §2.

Art. 7.

Le patentable qui exerce plusieurs commerces, industries ou professions,
même dans plusieurs communes différentes, ne peut être soumis qu'à
un seul droit fixe.
Ce droit est toujours le plus élevé de ceux qu'il aurait à payer s'il était
assujéti à autant de droits fixes qu'il exerce de professions.

19. Comme la loi de l'an VII, la loi nouvelle veut que nul ne soit astreint à prendre plus d'une patente, quel que soit le nombre des professions qu'il exerce, sauf à être taxé pour celle de ses industries qui donne lieu au plus fort droit.

20. Que si le même patentable exerce plusieurs professions dans plusieurs communes différentes, il paie le droit fixe dans la commune dont la population donne lieu au droit le plus élevé. Ainsi, le patentable qui possède une industrie à Paris, et qui, tout en la dirigeant lui-même, habite la campagne, doit payer, à Paris, le droit fixe ; s'il a deux maisons de commerce, l'une à Orléans, l'autre à Bordeaux, c'est d'après le tarif applicable à la population la plus élevée qu'il doit être imposé ; mais celui qui dirige une industrie exercée dans un département et qui en même temps est domicilié à Paris, ne doit payer le droit fixe qu'au lieu où l'industrie est établie et non à Paris, à moins que tout ou partie de son domicile à Paris ne soit affecté à l'exercice de son industrie (1).

21. Si un patentable, ayant des établissements dans deux communes, a payé la patente dans les deux communes par double emploi, il y a lieu à lui restituer le droit fixe le moins élevé. — Ord., 17 mars 1825 (Germain). — 24 avril 1857 (Flament). — 51 octobre 1858 (Viellard). — 20 juin 1859 (Oyer).

Droit proportionnel.

Art. 8.

Le droit proportionnel est fixé au vingtième de la valeur locative pour

(1) Rapport de M. Vitet à la Chambre des Députés.

toutes les professions imposables, sauf les exceptions énumérées au tableau D annexé à la présente loi.

22. D'après la loi du 1er brumaire an VII, le droit proportionnel était du dixième de la valeur locative. Ce taux qui était déjà à cette époque tellement élevé, que les autorités locales avaient senti la nécessité de l'alléger en ne portant sur la matrice qu'une partie du chiffre réel des loyers, était devenu exorbitant par suite de l'augmentation considérable qu'ont subies les valeurs locatives, tandis que les revenus du commerce décroissaient par l'effet de la concurrence. Il était urgent de modifier cet état de choses : la loi nouvelle y a pourvu en réduisant le droit proportionnel au vingtième de la valeur locative, sauf quelques exceptions indiquées au tableau D.

ART. 9.

Le droit proportionnel est établi sur la valeur locative tant de la maison d'habitation que des magasins, boutiques, usines, ateliers, hangars, remises, chantiers et autres locaux servant à l'exercice des professions imposables.

Il est dû lors même que le logement et les locaux occupés sont concédés à titre gratuit.

La valeur locative est déterminée, soit au moyen de baux authentiques, soit par comparaison avec d'autres locaux dont le loyer aura été régulièrement constaté ou sera notoirment connu, et à défaut de ces bases, par voie d'appréciation.

Le droit proportionnel, pour les usines et les établissements industriels, est calculé sur la valeur locative de ces établissements pris dans leur ensemble et munis de tous leurs moyens matériels de production.

25. L'article 9 détermine la base du droit proportionnel. Ce droit est établi sur la valeur locative tant de la maison d'habitation que des locaux servant à l'exercice des professions patentables. L'honorable M. Taillandier avait proposé à la Chambre des députés un amendement qui tendait à ne calculer le droit proportionnel que d'après la valeur locative des locaux industriels, sans le faire porter en même temps sur la valeur locative de la maison d'habitation. « La patente, disait l'honorable député, ne doit atteindre le revenu du négociant qu'en tant que négociant; elle ne peut le frapper dans sa fortune patrimoniale. Or, il est manifeste que le commerçant qui jouit d'une fortune personnelle importante peut prendre un appartement vaste et riche, sans que les produits de son commerce soient plus élevés que ceux du commerçant de la même classe dont la fortune personnelle ne lui permet de se loger que dans un appartement modeste. D'ailleurs, ajoutait M. Taillandier, l'habitation est déjà frappée de l'impôt mobilier. C'est le cas d'appliquer la maxime *non bis in idem* et de distraire des éléments constitutifs du droit proportionnel la maison d'habitation, de même que la loi sur la contribution mobilière a négligé les locaux industriels. »

Ce système n'a pas prévalu : l'on a pensé que s'il peut arriver quelquefois que l'habitation ne soit pas en réalité un signe certain de l'importance des affaires de chaque patentable, la loi ne peut s'arrêter à des cas exceptionnels. La maxime *non bis in idem* n'est pas applicable : il n'est pas défendu d'asseoir deux impôts différents sur le même objet, cela a lieu pour toutes les propriétés bâties qui se trouvent assujéties à la fois à l'impôt foncier, à l'impôt des portes et fenêtres et à la contribution mobilière. Enfin, il n'y a aucun argument de réciprocité à déduire de ce que les locaux industriels restent étrangers à la contribution mobilière. Les locaux industriels, en effet, ne sont pas des signes indicateurs de la fortune mobilière, tandis que la maison d'habitation donne la mesure de la fortune commerciale. Ajoutons que le système adopté par la loi nouvelle est celui qu'établit la loi de brumaire an VII (art. 5 et 36), telle que l'administration l'avait entendue et appliquée (instruction du 15 vendémiaire an IX) et telle qu'elle a été interprétée par la loi du 26 mars 1851.

24. Le droit proportionnel est établi sur la valeur locative de tous les baux industriels quels qu'ils soient, sans exception des baux concédés à titre gratuit. En conséquence, il a été jugé qu'un limonadier doit être imposé au droit proportionnel d'après la valeur locative d'un local extérieur, par exemple, d'un jardin destiné au débit des objets de son commerce. — Ord., 28 févr. 1828 (Mascré).

25. La valeur locative est constatée par des baux authentiques ou par voie de comparaison, et, à défaut, par voie d'appréciation :

1° Les baux authentiques ne sont acceptés que lorsqu'ils sont réguliers et sérieux. Les baux sous seings-privés doivent être écartés ; il en est de même des baux authentiques, dont le prix est manifestement trop bas ou trop élevé. Ainsi, les baux ne forment une règle absolue d'appréciation que lorsqu'ils se trouvent dans des conditions normales. C'est ce qui a été parfaitement établi par la discussion de l'art. 9 à la chambre des députés (1).

2° A défaut de baux authentiques sérieux, la valeur locative est établie par voie de comparaison avec les locaux voisins, dont la valeur locative est régulièrement constatée ou notoirement connue.

5° S'il n'existe pas de baux authentiques admissibles et s'il n'est pas possible de procéder par voie de comparaison, la fixation de la valeur locative a lieu par voie d'appréciation. A cet effet, les contrôleurs des contributions directes sont autorisés à estimer quel peut être le loyer de l'établissement du patentable à l'aide de renseignements que peut fournir la localité. Si l'appréciation est peu éclairée ou si elle est partiale, le patentable peut réclamer la réduction de sa cote et requérir l'expertise, ainsi qu'il sera dit plus bas (art. 22).

26. Les bâtiments et autres locaux, dont la valeur locative doit servir de base à l'assiette du droit proportionnel, doivent être estimés, non pas seulement d'après leur valeur intrinsèque, mais aussi d'après la valeur qu'ils reçoivent des accessoires indispensables à l'exercice de la profession imposable, tels que l'outillage et les *moyens matériels de production*, c'est-à-dire les machines éteintes et non fonctionnant (2) ; mais la loi n'a point voulu imposer les forces productives et immatérielles.

(1) Paroles de MM. Vitet et Grandin.
(2) C'est ainsi que ces mots ont été définis à la Chambre des Députés.

Ainsi, pour les établissements qui n'ont ni moteur hydraulique, ni moteur à vapeur, on comprend la valeur des manèges et des engrenages qui transmettent le mouvement, dans l'évaluation générale des ustensiles de l'établissement; mais on ne compte ni la valeur des chevaux, ni celle de leur nourriture (1).

Pour les établissements marchant à la vapeur, on n'estime que la valeur de la machine, sans tenir compte d'aucun prix pour le chauffage. Si le propriétaire, comme il arrive quelquefois, s'est engagé dans le bail à fournir le combustible, il est fait un décompte, et le prix du loyer est établi, déduction faite du chauffage de la machine (2).

Quant aux établissements hydrauliques, s'il existe un bail, et si la valeur de la chute d'eau, comme on doit le présumer, est comprise dans le prix du loyer, il est fait une ventilation, et la valeur locative est réduite de la somme à laquelle est évaluée la chute d'eau. Il en est de même si l'usine n'est ni louée, ni affermée. Enfin, il est procédé, pour les roues et engrenages, comme pour la machine à vapeur : on les comprend dans l'outillage de l'établissement (3).

27. Dans aucun cas, le droit proportionnel ne peut être calculé d'après la valeur industrielle et les bénéfices présumés des locaux servant à l'exploitation; — ord., 15 juillet 1855 (Gravier); — ni d'après le revenu foncier, — L., 26 mars 1851, a. 26; — Ord., 14 décembre 1857 (Breby-Sainte-Croix); — 1er novembre 1858 (Taphanel); — ni d'après l'évaluation faite pour l'assiette de la contribution mobilière. — Ord., 2 janvier 1858 (Yturbide).

28. La fixation du droit proportionnel a lieu chaque année, sans que ni l'administration, ni le patentable, puissent invoquer l'évaluation faite pour les années antérieures, et en demander le maintien, si elle est reconnue contenir des erreurs. — Ord., 2 janvier 1858 (Yturbide).

Art. 10.

Le droit proportionnel est payé dans toutes les communes où sont situés les magasins, boutiques, usines, ateliers, hangars, remises, chantiers et autres locaux servant à l'exercice des professions imposables.

Si, indépendamment de la maison où il fait sa résidence habituelle et principale, et qui, dans tous les cas, sauf l'exception ci-après, doit être soumise au droit proportionnel, le patentable possède, soit dans la même commune, soit dans des communes différentes, une ou plusieurs maisons d'habitation, il ne paie le droit proportionnel que pour celles de ces maisons qui servent à l'exercice de sa profession.

Si l'industrie pour laquelle il est assujéti à la patente, ne constitue pas sa profession principale, et s'il ne l'exerce pas par lui-même, il ne paie le droit proportionnel que sur la maison d'habitation de l'agent préposé à l'exploitation.

29. Le droit fixe, ainsi que nous l'avons vu (art. 7), ne frappe, au cas de l'exercice de plusieurs professions, industries ou commerces, que l'industrie qui

(1) Rapport de M. Vitet.
(2 et 3) Rapport de M. Vitet.

donne lieu au droit le plus élevé; il n'en est pas de même du droit proportionnel : les patentables y sont soumis dans toutes les communes où ils ont des établissements, sans qu'il y ait lieu de distinguer entre les établissements temporaires et les établissements permanents. — Ord., 51 juillet 1855 (Esnaut Paleterie). — 8 août 1855 (Leclerc). — 16 février 1855 (Cibiel).

50. Aux termes de l'art. 9, le droit proportionnel frappe la valeur locative de la maison d'habitation, bien qu'elle soit située dans une localité autre que le lieu où s'exerce le commerce du patentable. — Ord., 7 février 1857 (Gourville). — L'art. 10 dispose que lorsque le patentable possède plusieurs maisons d'habitation, il ne doit payer le droit proportionnel que sur la maison où il fait sa résidence habituelle et principale; s'il possède une maison de campagne, il ne doit aucun droit proportionnel sur cette seconde maison; que si le patentable possède des établissements industriels auxquels se trouvent annexés de petits logements accessoires destinés à sa résidence accidentelle, le droit proportionnel est dû tant sur ces logements que sur les établissements industriels eux-mêmes.

51. En outre, l'art. 10 prévoit le cas où un propriétaire, un fonctionnaire, un homme ayant une profession quelconque, possède une usine, un moulin, ou tout autre établissement industriel; s'il fait exploiter cette usine par un agent, il ne doit pas le droit proportionnel sur sa propre maison d'habitation, mais seulement sur celle de son agent.

52. L'honorable M. Oger (1) proposait de déclarer, par un article additionnel, que les manufactures, usines et les établissements industriels servant à l'exercice des professions imposables, ne seraient pas soumis à l'impôt des portes et fenêtres. La loi du 4 germinal an XI (art. 19) dispose que les propriétaires *des manufactures* ne seront taxés que pour les fenêtres de leurs habitations personnelles et de celles de leurs concierge et commis. L'administration des contributions directes fait une distinction entre les manufactures et les usines. D'après elle, l'usine est l'établissement dont les produits sont le résultat d'une transformation de substances, et reçoivent plus de valeur de l'action des éléments que du travail de l'homme. La manufacture est tout grand établissement dont les produits reçoivent leur principale valeur du travail manuel ou mécanique; en conséquence l'administration soutient que la loi du 4 germinal an XI n'affranchissant de l'impôt des portes et fenêtres, que *les manufactures*, cet impôt doit continuer à être perçu sur les usines.

A cet égard, nous pensons avec M. Oger, que la distinction établie par l'administration n'est pas fondée. Nous ne voyons pas pourquoi la loi de germinal an XI aurait affranchi de l'impôt des portes et fenêtres les manufactures dont l'importance suppose une grande prospérité commerciale, tandis que les usines, généralement établies sur des proportions plus modestes, et qui réclament, par suite, de plus grands ménagements, y seraient assujéties. Dira-t-on que les manufactures occupent un plus grand nombre d'ouvriers, et qu'il est nécessaire d'empêcher que, dans un but d'économie, les propriétaires ne compromettent la santé de leurs ouvriers en n'aérant pas convenablement ces établissements? Ce motif, produit à la chambre par M. le ministre des finances, est loin de nous satisfaire; il nous semble

---

(1) A la Chambre des Députés.

que l'air est également nécessaire aux ouvriers usiniers, et l'expérience apprend que, dans le but d'échapper autant que possible à l'impôt des portes et fenêtres, les propriétaires n'établissent dans les usines que des moyens de ventilation insuffisants. L'examen de la question soulevée par M. Oger a été renvoyé à la discussion du budget. Nous faisons des vœux sincères pour qu'elle soit résolue dans le sens de l'amendement proposé par l'honorable député.

Art. 11.

Le patentable qui exerce dans un même local ou dans des locaux non distincts plusieurs industries ou professions passibles d'un droit proportionnel différent, paie ce droit d'après le taux applicable à la profession pour laquelle il est assujéti au droit fixe.

Dans le cas où les locaux sont distincts, il ne paie pour chaque local que le droit proportionnel attribué à l'industrie ou à la profession qui y est spécialement exercée.

Dans ce dernier cas, le droit proportionnel n'en demeure pas moins établi sur la maison d'habitation, d'après le taux applicable à la profession pour laquelle le patentable est imposé au droit fixe.

53. Lorsque le patentable exerce deux professions passibles de droits proportionnels, par exemple une profession imposée au vingtième et une profession imposée au trentième, il peut se présenter deux cas : ou les deux professions sont exercées dans le même local, ou dans des locaux non distincts, ou bien ces professions sont exercées dans des locaux distincts, de telle sorte qu'il est possible de déterminer le local spécialement affecté à chacune d'elles.

Dans le premier cas, le droit proportionnel suit le sort du droit fixe, et il est perçu sur le taux applicable à la profession pour laquelle le patentable a été imposé au droit fixe, conformément à l'art. 7.

Dans le second cas, le droit proportionnel n'est assis sur chaque local que d'après le tarif applicable à la profession qui y est exercée.

54. Quant au droit proportionnel à percevoir sur la valeur locative de la maison d'habitation du patentable, il est dans les deux cas déterminé d'après le tarif de la profession qui a servi à l'assiette du droit fixe.

Art. 12.

Dans les communes dont la population est inférieure à 20,000 ames, mais qui, en vertu d'un nouveau dénombrement, passent dans la catégorie des communes de 20,000 ames et au-dessus, les patentables des septième et huitième classes ne seront soumis au droit proportionnel que dans le cas où une seconde ordonnance de dénombrement aura maintenu lesdites communes dans la même catégorie.

Exemptions.

Art. 15.

Ne sont pas assujétis à la patente :

1° *Les fonctionnaires et employés salariés soit par l'État, soit par les administrations départementales ou communales, en ce qui concerne seulement l'exercice de leurs fonctions;*

2° *Les notaires, les avoués, les avocats au conseil, les greffiers, les commissaires-priseurs, les huissiers;*

3° *Les avocats;*

Les docteurs en médecine et en chirurgie, les officiers de santé, les sages-femmes et les vétérinaires;

Les peintres, sculpteurs, graveurs et dessinateurs, considérés comme artistes et ne vendant que le produit de leur art;

Les architectes, considérés comme artistes, ne se livrant pas, même accidentellement, à des entreprises de construction;

Les professeurs de belles-lettres, sciences et arts d'agrément, les chefs d'institution, les maîtres de pension, les instituteurs primaires;

Les éditeurs de feuilles périodiques;

Les artistes dramatiques;

4° *Les laboureurs et cultivateurs, seulement pour la vente et la manipulation des récoltes et fruits provenant des terrains qui leur appartiennent ou par eux exploités, et pour le bétail qu'ils y élèvent, qu'ils y entretiennent ou qu'ils y engraissent;*

Les concessionnaires de mines, pour le seul fait de l'extraction et de la vente des matières par eux extraites;

Les propriétaires ou fermiers des marais salants;

Les propriétaires ou locataires louant accidentellement une partie de leur habitation personnelle;

Les pêcheurs, même lorsque la barque qu'ils montent leur appartient;

5° *Les associés en commandite, les caisses d'épargne et de prévoyance administrées gratuitement, les assurances mutuelles régulièrement autorisées;*

6° *Les capitaines de navires de commerce ne naviguant pas pour leur compte;*

Les cantiniers attachés à l'armée;

Les écrivains publics;

Les commis et toutes les personnes travaillant à gages, à façon et à la journée, dans les maisons, ateliers et boutiques des personnes de leur profession, ainsi que les ouvriers travaillant chez eux ou chez les particuliers, sans compagnons, apprentis, enseigne ni boutique. Ne sont point considérés comme compagnons ou apprentis, la femme travaillant avec son mari, ni les enfants non mariés travaillant avec leurs père et mère, ni le simple manœuvre dont le concours est indispensable à l'exercice de la profession...

Les personnes qui vendent en ambulance dans les rues, dans les lieux de passage et dans les marchés, soit des fleurs, de l'amadou, des balais, des statues et figures en plâtre, soit des fruits, des légumes, des pois-

sons, du beurre, des œufs, du fromage, et autres menus comestibles ;

Les savetiers, les chiffonniers au crochet, les porteurs d'eau à la bretelle ou avec voiture à bras, les rémouleurs ambulants, les garde-malades.

55. La patente est un impôt qui ne peut être assis que sur le commerce et l'industrie, en échange de la protection spéciale qu'ils reçoivent de l'État. De là, la nécessité d'exempter de la patente toutes les professions qui n'ont pas un caractère commercial ou industriel. La loi divise les personnes qui sont affranchies de cet impôt en six catégories.

56. 1° *Les fonctionnaires publics.* — L'exemption ne s'applique pas au fonctionnaire public qui, en dehors de ses fonctions, exerce une profession non patentable. Ainsi le receveur-général qui se livre à des opérations de banque, le maître de poste qui se fait entrepreneur de diligences, doivent, malgré leur qualité de fonctionnaires publics, être atteints par la patente (1).

Les jurés-compteurs des ports de mer, étant commissionnés par l'administration des ponts-et-chaussées et ne pouvant se livrer à aucune opération de commerce, ne sont pas soumis à la patente. — Ord., 50 juin 1824 (Ragon).

57. 2° *Les officiers ministériels.* — Les lois antérieures exemptaient de la patente les notaires, les avoués, les avocats au conseil, les greffiers, et y assujétissaient néanmoins les huissiers, les commissaires-priseurs, les agents de change et les courtiers.

Nous comprenons que les agents de change et les courtiers, mêlés sans cesse à des opérations commerciales à titre d'intermédiaire, soient classés parmi les commerçants (2) et soumis à la patente ; mais il n'y avait pas de motif plausible pour y maintenir les huissiers et les commissaires-priseurs.

La commission proposait d'exempter formellement de la patente *les agréés* et *les référendaires au sceau.* L'on a observé que ces offices n'étant pas reconnus par la loi, leur institution ne pouvait être consacrée par la loi des patentes ; on les a en conséquence retranchés de l'art. 15. Il a été néanmoins bien entendu que, nonobstant cette suppression, ni les agréés, ni les référendaires au sceau, ne seraient soumis à la patente.

58. 3° *Les professions libérales.* — Le sacrifice de temps et d'argent qu'exigent les études et les épreuves préliminaires, indispensables pour arriver à ces professions, est une charge que l'on ne saurait sans injustice aggraver encore par un impôt spécial.

59. Les médecins avaient été jusqu'ici soumis à la patente, sauf dans des cas où l'exemption leur était accordée en échange de services publics et gratuits. « Cette « anomalie ne peut se comprendre, dit l'honorable rapporteur à la Chambre des « députés, que quand on remonte à l'époque où fut organisé le système des patentes, « et quand on examine ce qu'était alors la profession de médecin. Depuis 1792

____

(1) Rapport de M. Vitet à la Chambre des Députés.
(2) Rapport de M. Vitet à la Chambre des Députés.

« jusqu'en ventôse an XI, il fut permis à tout homme, fût-il sans études, sans lu-
« mières, sans instruction, d'exercer la médecine, à la seule condition de se faire
« délivrer une patente, qu'on accordait idifféremment à tous ceux qui se présen-
« taient pour l'obtenir. » Depuis que la loi de ventôse an XI est venue organiser
l'exercice de la médecine, et que des épreuves de capacité sont exigées de ceux qui
se destinent à cette profession, la patente n'a pu être perçue sur les médecins que
par un oubli des principes de la matière. C'est avec raison que la loi nouvelle
étend aux médecins l'exemption dont jouissaient déjà les avocats.

40. Les dentistes et oculistes qui exercent avec un diplôme, se trouvent exempts
de la patente, soit comme médecins, soit comme officiers de santé. Mais le vétéri-
naire qui n'a pas de brevet, ainsi que l'oculiste et le dentiste, qui exercent sans
diplôme ou qui font du commerce des médicaments leur industrie principale, sont
assujétis à la patente (1).

41. *Les dessinateurs attachés aux fabriques* ne sont pas compris dans les exemptions. — Sur une interpellatian de l'honorable M. Donatien-Marquis, M. le rapporteur de la commission de la Chambre des députés a fait observer que l'on n'avait
entendu exempter de la patente que les dessinateurs considérés comme artistes. Les
dessinateurs pour fabriques sont compris à la quatrième classe du tableau A. Le
motif qu'a donné M. le rapporteur de leur maintien à la patente, c'est que le dessin
de l'artiste a une valeur par lui-même, par sa propre beauté, comme produit
de l'intelligence ; tandis que l'œuvre du dessinateur de fabriques n'a de prix que
comme moyen de fabrication : c'est un procédé industriel plutôt qu'une œuvre de
l'esprit.

42. La commission de la Chambre des députés avait cru opportun de maintenir
à la patente *les architectes.* « S'il s'agissait d'une question d'art, disait le rapport,
« l'architecture devrait marcher de pair avec ses deux sœurs (la peinture et la
« sculpture) ; mais il ne s'agit que de professions, et celle de l'architecte diffère
« sur beaucoup de points des deux autres. L'architecte n'invente pas seulement
« des plans d'édifices, il les fait exécuter ; il emploie à la fois des dessinateurs
« pour copier ses projets et des commis pour dresser ses devis ; son atelier est
« aussi un bureau ; il est expert en même temps qu'artiste ; il s'occupe de la va-
« leur des choses tout aussi bien que de leur beauté. » Les préoccupations de la
commission ont dû disparaître devant la rédaction proposée par l'honorable M. Ba-
rillon et adôptée par la Chambre des députés. Les architectes ne sont exempts de
la patente qu'en tant qu'ils sont artistes et qu'ils ne se livrent pas à des entreprises
de construction.

43. 4° *Les agriculteurs.* — Les charges onéreuses qui grèvent la propriété rurale
justifient suffisamment cette exemption.

De la discussion de ce paragraphe à la Chambre des députés, il résulte que les
laboureurs et les cultivateurs sont exempts de la patente, alors même qu'il serait
constaté qu'ils ont fait consommer par leur bétail un produit qu'ils n'auraient pas
récolté (2).

1) Rapport de M. Vitet à la Chambre des Députés.
   aroles de M. de Beaumont.

44. Il est certain, en outre, que les éducateurs de vers à soie sont exempts de la patente lorsqu'ils se livrent à la filature des cocons qui ont été le produit de leur récolte. Un amendement avait été proposé par M. de La Farelle dans le but de formuler cette exemption. M. le ministre des finances a déclaré que le gouvernement ne contestait pas le principe posé par M. de La Farelle, et que l'éducateur de vers à soie ne peut pas plus être imposé dans ce cas que le vigneron qui convertit son vin en eau-de-vie. L'amendement a été abandonné sur l'observation du rapporteur de la commission, qu'il aurait pour inconvénient, en spécifiant des cas particuliers, d'exclure tous ceux qui ne seraient pas compris dans les exceptions.

45. Sont également compris dans l'exemption : les jardiniers-fleuristes et les jardiniers-pépiniéristes ; ces industries avaient été portées à la deuxième classe par le projet de loi ; elles ont été supprimées (1).

46. Il en est de même de l'engraisseur de bœufs et de l'herbager, qui achètent habituellement des bestiaux maigres pour les revendre après les avoir engraissés. Ces industries avaient été portées par le gouvernement à la troisième classe du tableau A du projet de loi : elles ont été supprimées.

47. Mais sont soumis à la patente, les cultivateurs qui font un commerce de grains et de bestiaux, indépendamment de la culture et de l'exploitation de leurs terres ; — C. cass. — Rejet. — 5 floréal an VI (Duvrac); les cultivateurs qui vendent d'autre vin que celui de leur récolte. — Ord., 20 octobre 1819 (Lamarque).

48. L'exploitation des mines n'est pas considérée comme un commerce, — L., 21 avril 1810, a. 52; — elle devrait donc être exemptée de la patente.

49. Les propriétaires et les fermiers de marais salants sont exemptés de la patente. Déjà, sous la loi de brumaire an VII, un avis du conseil d'État, du 25 floréal an VIII, avait déclaré que les propriétaires, fermiers et cultivateurs de marais salants, étaient affranchis de la patente, par application de l'art. 29 de cette loi.

50. Les salines du midi sont considérées comme des marais salants. —Ord., 10 août 1828 (Bazin).

51. La circonstance que l'on emploierait pour la culture des marais salants, le feu et les produits chimiques, n'en changerait pas la nature et ne pourrait les faire considérer comme des usines. — Ord., 17 avril 1855 (Parmentier). — MM. Macarel, et Boulatignier, *Fort. publi.*, t. 5, n° 1609.

52. Sont exemptés de la patente, les propriétaires qui ne louent en garni qu'accidentellement, tout ou partie de leur maison d'habitation. L'exemption ne s'applique pas aux aubergistes ordinaires et aux loueurs en garni, ni aux personnes qui, par spéculation, font bâtir des maisons qu'elles n'habitent jamais et qu'elles louent pendant la saison des eaux (2).

53. 5° *Les associés en commandite*, etc ...., sur une observation de M. Delessert, M. le président de la chambre des députés a déclaré que des explications de la commission et du gouvernement, il résultait que l'exemption de la patente n'est applicable qu'aux caisses d'épargne et de prévoyance, qui se trouvent, dans les

(1) Rapport de M. Vitet.
(2) Discussion à la Chambre des Députés. — Observations de M. Vitet et de M. de Panat.

termes de la loi, administrées gratuitement, et non aux sociétés mutuelles qui, dans un intérêt de bénéfice individuel, prennent le nom de caisses d'épargne et de prévoyance.

54. *Les commis, ouvriers,* etc....... La qualité de commis se justifie par des livres régulièrement tenus. — Ord., 18 juillet 1838 (Florent). — Est considéré comme commis, et non comme associé, celui dont le traitement consiste dans une part des bénéfices, sans participations aux pertes. — Ord., 18 juillet 1858 (Gonin fils). — 12 avril 1858 (ministre des finances C. Bethfort).

55. Le commis n'a droit à l'exemption de la patente que lorsqu'il travaille dans la maison, atelier ou boutique de celui qui l'emploie. Ainsi, il été jugé que l'individu qui place des meules pour le compte d'un marchand qui habite dans un autre département, est soumis à la patente. — Ord., 22 février 1858 (ministre des finances C. Bourgoin).

56. La loi nouvelle consacre une innovation à laquelle l'on ne peut qu'applaudir. Elle exempte de la patente les ouvriers travaillant chez eux sans compagnons, apprentis, enseigne ni boutique, que la loi de brumaire an VII, soumettait à l'impôt ; elle dispose en outre que l'on ne doit pas considérer comme compagnon ou apprenti, la femme travaillant avec son mari, ni les enfants non mariés (majeurs ou mineurs), travaillant avec leurs père et mère ; ni le simple manœuvre.

57. L'exemption toutefois n'est accordée qu'à l'ouvrier qui emploie un seul manœuvre, et non à celui qui en emploierait plusieurs (1). Elle ne s'étend point aux tuteurs et curateurs travaillant avec leurs pupilles. Le gouvernement avait proposé de les exempter de la patente. Cette proposition a été repoussée par les deux chambres (2).

58. L'exemption accordée aux commis et personnes à gages, ne s'étend pas aux colporteurs qui transportent et qui vendent des marchandises pour le compte d'un marchand ou d'un fabricant (V. art. 17.)

Art. 14.

Tous ceux qui vendent en ambulance des objets non compris dans les exemptions déterminées par l'article précédent, et tous marchands sous échoppe ou en étalage, sont passibles de la moitié des droits que paient les marchands qui vendent les mêmes objets en boutique. Toutefois, cette disposition n'est pas applicable aux bouchers, épiciers et autres marchands ayant un étal permanent et occupant des places fixes dans les halles et marchés.

59. Conforme, en cela, à la loi de l'an VII, la loi nouvelle n'assujétit qu'au demi-droit les marchands en ambulance, autres que ceux qui jouissent de l'exemption portée par l'art. 13.

60. Elle accorde la même réduction à tous les marchands sous échoppe ou en étalage, à l'exception, toutefois, des marchands sous échoppe ou en étalage qui ont un étal permanent ou une place fixe dans les halles et marchés. Cette exception

____

(1 et 2) Rapport de M. Vitet.

ne sera appliquée que dans les grandes villes, dont les marchés sont ouverts tous jours ou plusieurs fois par semaine. Dans tous les autres cas, les marchands qui se rendent aux marchés se trouvent déjà patentés à leur domicile.

Art. 15.

Les maris et femmes séparés de biens, ne doivent qu'une patente, à moins qu'ils n'aient des établissements distincts, auquel cas, chacun d'eux doit avoir sa patente et payer séparément les droits fixes et proportionnels.

61. La loi du 1er brumaire an VII assujétissait le mari et la femme séparés de biens à payer chacun une patente entière. La loi nouvelle ne les y soumet que lorsqu'ils ont des établissements distincts, qu'ils exploitent séparément (1).

Associés. — Colporteurs. — Commis-voyageurs étrangers.

Art. 16.

Les patentes sont personnelles et ne peuvent servir qu'à ceux à qui elles sont délivrées. En conséquence, les associés en nom collectif sont tous assujétis à la patente.
Toutefois, l'associé principal paie seul le droit fixe en entier; les autres associés ne sont imposés qu'à la moitié de ce droit, même quand ils ne résident pas tous dans la même commune que l'associé principal.
Le droit proportionnel est établi sur la maison d'habitation de l'associé principal et sur tous les locaux qui servent à la société pour l'exercice de son industrie.
La maison d'habitation de chacun des autres associés est affranchie du droit proportionnel, à moins qu'elle ne serve à l'exercice de l'industrie sociale.

62. Sous la loi du 1er brumaire an VII, tous les associés devaient avoir chacun une patente, à l'exception, toutefois, des associés en commandite et des associés anonymes, qui en étaient exemptés (art. 25 — Foucart, t. 1, p. 205). Les lois des 25 mars 1817 (art. 67) et 15 mai 1818 (art. 62) disposaient que, lorsque les divers associés patentables résideraient dans la même commune, le principal associé paierait le droit fixe, tandis que les autres associés ne paieraient qu'un demi-droit fixe chacun, et que, dans les établissements de fabrication à métier ou de filature, le droit fixe ne serait payé qu'une seule fois, quel que fût le nombre des associés.

La loi nouvelle modifie cet état de choses. Dans les sociétés en nom collectif, le droit entier n'est maintenu que pour l'associé principal; les autres associés ne sont imposés qu'au demi-droit, alors même qu'ils habitent des communes différentes.

En outre, le droit proportionnel n'est assis que sur la valeur locative de la maison d'habition de l'associé principal. La maison d'habitation des autres associés est affranchie de ce droit, à moins qu'elle contienne des magasins, des bureaux, un dépôt de marchandises, et qu'elle serve ainsi à l'exercice de l'industrie sociale.

(1) Rapport de M. Vitet.

63. Dans les sociétés en commandite, les commanditaires sont exempts de tout droit (art. 13, 5º) ; quant aux associés solidaires et responsables, ils sont assimilés aux associés en nom collectif et soumis aux mêmes obligations.

64. L'article suivant régit les sociétés anonymes.

65. Il est bien entendu que l'art. 13 n'est pas applicable à celui qui, sans exercer la profession de commerçant, aurait fait, avec une ou plusieurs personnes, une affaire en participation. Ainsi, dans les ports de mer, il existe souvent des associations de ce genre, soit pour la construction, soit pour l'armement des navires. Dans ces sortes de sociétés, les intéressés ne prennent aucune part à la gestion de l'entreprise, ils doivent donc être considérés comme de simples commanditaires et, sous ce rapport, exemptés de la patente. L'armateur seul y est assujéti.

66. Sous l'empire de la législation antérieure, il était jugé que l'exemption de la moitié du droit de patente s'appliquait à deux associés qui résidaient dans la même ville, bien qu'ils se partageassent la direction d'établissements situés dans deux villes différentes, — ord., 17 septembre 1838 (ministre des finances contre Foult) ; à plus forte raison, doit-on le décider ainsi sous la loi nouvelle.

67. La qualité d'associé est constatée par les traités d'association et par les livres ; à défaut d'acte d'association, la présomption est que celui qui s'immisce dans les opérations d'une maison, les surveille et les dirige, est employé comme commis et exempté, à ce titre, de la patente par l'art. 13, alors même que son salaire consiste dans une part des bénéfices, sans toutefois qu'il participe aux pertes. — Ord., 18 juillet 1838 (Gonin fils). — 12 avril 1838 (Bethfort). — 23 février 1839 (Gautier).

68. Néanmoins, il a été jugé que si le réclamant, qui se prétend simple intéressé et non pas associé, refuse de produire l'acte de société qui établirait sa qualité, il y a lieu de l'imposer comme associé. — Ord., 21 juin 1839 (Decroix).

Il en est de même lorsque le réclamant ne produit qu'un registre contenant des notes informes et incomplètes. — Ord., 5 février 1843.

69. Bien que le droit fixe, payé en entier par l'associé principal, retombe en réalité sur tous les associés, il n'est pas douteux que, les patentes étant personnelles, on doit compter à l'associé principal qui se présente pour exercer ses droits électoraux, le droit fixe en entier, sans qu'il y ait lieu d'établir une répartition sur tous les associés (1). Ceux-ci ne sont portés sur les listes électorales que pour la somme qu'ils doivent personnellement, c'est-à-dire pour le demi-droit fixe.

ART. 17.

Les sociétés ou compagnies anonymes, ayant pour but une entreprise commerciale, sont imposées à un seul droit fixe, sous la désignation de l'objet de l'entreprise, sans préjudice du droit proportionnel.

La patente, assignée à ces sociétés ou compagnies, ne dispense aucun des sociétaires ou actionnaires du paiement des droits de

___

(1) Discussion à la chambre des Pairs, séance du 13 avril 1844, *Monit.*, p. 645.

patente auquel ils pourraient être personnellement assujétis pour l'exercice d'une industrie particulière.

ART. 18.

Tout individu transportant des marchandises de commune en commune, lors même qu'il vend pour le compte de marchands ou fabricants, est tenu d'avoir une patente personnelle, qui est, selon les cas, celle de colporteur avec balle, avec bêtes de somme, ou avec voiture.

70. Dans l'intérêt du commerce sédentaire, l'on n'a pas voulu faire profiter les colporteurs de l'exemption accordée par l'art. 15 aux commis et personnes à gages. Les colporteurs sont soumis à la patente dans le cas même où ils ne seraient que les commis d'un marchand ou d'un fabricant.

71. Toutefois, les colporteurs ne sont pas assujétis au droit proportionnel dans toutes les communes où ils exposent et vendent leurs marchandises; ils n'y sont soumis que lorsqu'il ont un domicile (1).

72. Les directeurs de ventes à l'encan sont compris dans la première classe.

ART. 19.

Les commis-voyageurs des nations étrangères seront traités, relativement à la patente, sur le même pied que les commis-voyageurs français chez ces mêmes nations.

73. Les commis-voyageurs français sont exempts de la patente (art. 15); les commis-voyageurs des nations étrangères avaient toujours profité du bénéfice de l'exemption; mais, dans quelques pays voisins, les voyageurs des maisons de commerce françaises sont traités avec une grande rigueur. On leur fait payer des droits équivalents à la patente, et montant quelquefois à des sommes assez élevées. Il est juste que les commis-voyageurs de ces pays soient traités avec la même sévérité (2).

74 Par ces mots : *les commis-voyageurs des nations étrangères*, on a entendu les commis-voyageurs voyageant pour le compte des nations étrangères. « Ce n'est « pas la nationalité du commis-voyageur que l'on considérera, a dit à la Chambre « des pairs M. le ministre des finances (3), mais la nationalité des affaires (si je « puis m'exprimer ainsi) dont s'occupera le commis-voyageur, c'est le systéme « appliqué dans les autres pays que nous appliquerons par réciprocité. »

Formation des Matrices des rôles. — Réclamations.

ART. 20.

Les contrôleurs des contributions directes procéderont annuelle-

---

(1) Rapport de M. Vitet.
(2) Rapport de M. Vitet.
(3) *Monit.*, p. 945.

ment au recensement des imposables et à la formation des matrices des patentes.

Le maire sera prévenu de l'époque de l'opération du recensement, et pourra assister le contrôleur dans cette opération ou se faire représenter par un délégué. — En cas de dissentiment entre les contrôleurs et les maires ou leurs délégués, les observations contradictoires de ces derniers seront consignées dans une colonne spéciale.

La matrice dressée par le contrôleur sera déposée pendant dix jours au secrétariat de la mairie, afin que les intéressés puissent en prendre connaissance et remettre au maire leurs observations. A l'expiration d'un second délai de dix jours, le maire, après avoir consigné ses observations sur la matrice, l'adressera au sous-préfet.

Le sous préfet portera également ses observations sur la matrice, et les transmettra au directeur des contributions directes, qui établira les taxes, conformément à la loi, pour tous les articles non contestés. A l'égard des articles sur lesquels le maire ou le sous-préfet ne sera pas d'accord avec le contrôleur, le directeur soumettra les contestations au préfet, avec son avis motivé; si le préfet ne croit pas devoir adopter les propositions du directeur, il en sera référé au ministre des finances.

Le préfet arrête les rôles et les rend exécutoires.

A Paris, l'examen de la matrice des patentes aura lieu, pour chaque arrondissement municipal, par le maire, assisté soit de l'un des membres de la commission des contributions, soit de l'un des agents attachés à cette commission, délégué à cet effet par le préfet.

75. La matrice du rôle ou matrice des patentes est l'état par ordre alphabétique et par numéros de tous les patentables d'une commune, avec l'indication de la profession exercée par chacun d'eux et de la valeur locative des locaux par eux occupés.

76. Dans le système de la loi de l'an VII, la matrice dressée, signée et certifiée par le contrôleur était transmise au maire. Le maire, après avoir consigné à côté du nom de chaque patentable les observations qu'il jugeait convenable de présenter, renvoyait la matrice au sous-préfet; le sous-préfet l'adressait au préfet avec ses observations; enfin le préfet transmettait le tout au directeur des contributions. Ce dernier était chargé de la confection des rôles.

L'article 20 simplifie ces diverses opérations et donne aux contribuables des garanties nouvelles.

77. Le maire pourra assister à l'opération, ou se faire représenter par un délégué.

L'intervention du maire n'est pas obligatoire. Un amendement, proposé par

M. Corne à la chambre des députés, dans le but d'exiger l'assistance des maires, a été repoussé. « La présence du maire ou de son délégué, a dit M. le ministre des « finances à la Chambre des pairs (1), est facultative et non obligatoire. Si elle « avait été obligatoire, il aurait pu dépendre de la mauvaise volonté d'un maire « d'empêcher les agents des contributions directes de recueillir les renseignements « nécessaires pour la confection des rôles. »

78. Le choix du délégué chargé de représenter les maires reste entièrement à la discrétion de ces derniers. Ils peuvent être pris soit parmi les membres du conseil municipal, soit en dehors du conseil. A la chambre des députés, un honorable membre avait demandé que le maire ne pût choisir son délégué que dans le sein du conseil municipal. Cet amendement avait été repoussé comme inutile. Il s'agit ici d'une fonction municipale, avait dit M. O. Barrot, qui ne peut se déléguer qu'à un agent municipal. Néanmoins, à la Chambre des pairs, M. le ministre des finances a déclaré (2) que la loi s'en rapporte aux maires pour désigner le délégué qui leur paraît le plus apte à le représenter. On a pensé qu'exiger que le délégué fût membre du conseil municipal, ce serait nuire aux intérêts des patentables, en les privant des lumières et de l'expérience des hommes les plus propres à remplir les fonctions dont il s'agit, par cela seul que ces hommes ne sont pas membres du conseil municipal.

79. Si, en l'absence du maire, un citoyen refuse l'entrée de son domicile au contrôleur, cet agent est tenu de recourir à l'intervention soit du maire ou de l'adjoint, soit du commissaire de police, soit du juge de paix.

80. Le recensement a lieu chaque année : les patentables omis dans les rôles antérieurs, ne peuvent exciper de cette erreur pour demander leur décharge du moment qu'il est reconnu qu'ils exercent une profession patentable. Réciproquement, l'administration ne peut invoquer, contre l'individu indûment porté sur les rôles des années antérieures, l'erreur qui aurait amené son inscription. — Ord., 50 septembre 1850 (Bauchez-Huret).

Art. 21.

Les patentés qui réclameront contre la fixation de leurs taxes, se admis à prouver la justice de leurs réclamations, par la représentation d'actes de société légalement publiés, de journaux et livres de commerce régulièrement tenus, et par tous autres documents.

Art. 22.

Les réclamations en décharge ou réduction, et les demandes en remise ou modération, seront communiquées aux maires ; elles seront, d'ailleurs, présentées, instruites et jugées dans les formes et délais prescrits pour les autres contributions directes.

81. La patente étant personnelle, celui-là seul qui est primitivement inscrit sur

(1) *Monit.*, p. 946.
(2) *Monit.*, p. 946.

les rôles est recevable à réclamer contre son inscription et à demander son dégrèvement. Un particulier n'est admis à réclamer pour le patentable, qu'en justifiant
d'un pouvoir à cet effet. — Ord., 20 mars 1838 (Delisle). — *Idem* (Delugre).

82. Le dégrèvement de la contribution des patentes s'opère de quatre manières :
1º par la décharge ; 2º par la réduction ; 5º par la remise ; 4º par la modération.

83. La décharge a lieu pour faux emploi, lorsqu'un contribuable n'exerce point
de profession sujette à patente ; pour double emploi, lorsqu'il est imposé deux fois
dans la même commune, ou taxé au droit fixe dans deux communes différentes ;
pour décès, lorsqu'un contribuable étant mort, sa famille demande la décharge
des douzièmes non échus (instr. du 30 fructidor an XI); pour faillite déclarée, sur
la demande des syndics.

84. La réduction a lieu, pour surtaxe ou erreur, soit dans la désignation de la
profession ou l'évaluation du loyer, soit dans l'application des droits fixe et proportionnel.

85. Il y a lieu à remise ou modération sur la contribution des patentes, lorsque
le patentable a éprouvé dans son commerce des pertes et des malheurs (instr. minist.
du 30 fructidor an XI), ou lorsque le patentable exerce une profession qui, par son
peu d'importance, se trouve trop fortement imposée par le droit assis sur les professions de cette nature. — Ord., 10 février 1845 (Grimault).

86. Les demandes en remise ou modération sont du ressort de la juridiction
gracieuse ; en conséquence, les conseils de préfecture sont incompétents pour en
connaître. — Ord., 4 mai 1845 (Labie).

87. Le réclamant doit remettre sa pétition au sous-préfet, qui la renvoie au
contrôleur de l'arrondissement. Le contrôleur se transporte sur les lieux, vérifie,
en présence du maire, les faits, constate la quotité de la perte subie, et en dresse
un procès-verbal qu'il envoie au sous-préfet : celui-ci le fait parvenir, avec son
avis, au préfet, qui prend l'avis du directeur des contributions. Le préfet réunit
les différentes demandes qui lui ont été faites dans le cours de l'année, et l'année
expirée, il fait, entre les patentables dont les réclamations sont reconnues justes et
fondées, la distribution des sommes qu'il peut accorder, d'après la portion des fonds
de non-valeur mise à sa disposition pour cet objet. Cet état de distribution est
communiqué, par le préfet, au conseil général du département.

88. Le patentable dont la demande en remise ou modération n'a pas été accueillie
par le préfet, peut se pourvoir auprès du ministre des finances. Le recours au conseil d'État n'est ouvert, ni contre les arrêtés du préfet, ni contre les décisions du
ministre des finances, qui statuent sur ces sortes de réclamations. — Ord., 9 janvier 1859 (Pety); — 9 mai 1858 (Cupillard).

89. Quant aux demandes en décharge ou réduction, elles sont de la compé-
tence exclusive des conseils de préfecture, et l'appel des arrêtés des conseils de préfecture doit être soumis au conseil d'État. Le préfet commettrait un excès de pouvoir en statuant sur ces demandes. — Ord., 11 mars 1845 (Laroche).

90. Le patentable, pour obtenir une décharge ou une réduction, doit s'adresser
au sous-préfet et joindre à sa demande la quittance des termes échus de sa patente,
sans qu'il puisse, sous prétexte de réclamation, différer le paiement des termes échus
et de ceux qui viennent à échéance pendant l'instance.—L., 21 avril 1832, a. 28.

91. La demande doit être formée dans les trois premiers mois de l'émission des rôles. L'arrêté du conseil de préfecture qui aurait admis une réclamation après l'expiration de ce délai, serait nul. — Ord. 10 février 1845 (Mercier) ; — 18 mars 1845 (v⁰ Laigre).

92. La requête du patentable doit être écrite sur papier timbré, toutes les fois que le montant de la patente est de 50 francs et au-dessus. — L., 24 avril 1852, art. 28.

93. La requête est renvoyée par le sous-préfet au contrôleur des contributions directes, qui vérifie les faits et donne son avis.

Si le directeur des contributions directes déclare qu'il y a lieu d'admettre la demande, il fait son rapport, il énonce la somme qu'il estime devoir être accordée à titre de décharge ou de réduction, et le conseil de préfecture statue, sauf recours au conseil d'État.

94. Si les conclusions du directeur sont défavorables au réclamant, le rapport motivé est transmis à la sous-préfecture, où le réclamant est invité à en prendre communication et à faire connaître, dans les dix jours, s'il veut fournir de nouvelles observations et recourir à la vérification par voie d'expertise, — L. 24 avril 1852, a. 29, — et ce, à peine de nullité de l'arrêté. — L., 20 mars 1831, a. 28. — Ord., 22 juin 1845 (Beaune).

95. Lorsque l'expertise est réclamée, elle ne peut être refusée. — Ord., 9 mai 1838 (Redon). — 12 avril 1845 (Brunel).

96. L'expertise terminée, le conseil de préfecture statue sur la réclamation. Si la décharge ou la réduction demandée est accordée, le rôle du patenté est régularisé, et les fonds indûment perçus lui sont restitués.

97. Que si le réclamant succombe, les frais de l'instance demeurent à sa charge et notamment les frais de l'expertise. Il en serait de même, pour les frais de l'expertise, dans le cas où le réclamant aurait refusé la réduction que lui proposaient les agents des contributions directes et que le conseil de préfecture a maintenue, après l'expertise. — Ord., 9 mai 1838 (Douce).

98. Les frais sont réglés, par le préfet, sur l'avis du sous-préfet. — L., 23 nivôse an III, a. 4. — 24 floréal an VIII, a. 17 et 18. — Ils sont acquittés par le réclamant, en vertu de l'ordonnance du préfet, entre les mains du percepteur, et à défaut de paiement, le patentable est poursuivi comme il le serait pour la patente elle-même. — Arrêté, 24 floréal an VIII, a. 20. — L., messidor an VII, art. 225.

99. La décision rendue par le conseil de préfecture est transmise, par le préfet, au directeur, qui est chargé d'en informer sur-le-champ les contribuables dont les cotes ont été maintenues. — L., 2 messidor an VII, a. 28.

100. Le patentable peut se faire donner copie de la décision, moyennant 75 centimes pour frais d'expédition, non compris le papier timbré. Aucune expédition ne peut être délivrée aux parties que sur papier timbré, si ce n'est à des individus indigents, et à la charge d'en faire mention dans l'expédition. — L., 15 mai 1818, a. 80.

101. Le recours doit être transmis au secrétariat-général du conseil d'État,

soit par l'intermédiaire du préfet, soit directement par les parties, soit par le ministère d'un avocat aux conseils. — L. des fin., 24 avril 1832.

102. La requête, lorsqu'elle est transmise par l'intermédiaire du préfet ou par la partie, doit être signée par le réclamant ou par son fondé de pouvoirs.

103. Dans tous les cas, le recours n'est soumis qu'au droit du timbre; il est affranchi des droits d'enregistrement et de dépôt (L. 24 avril 1832). — M. de Cormenin pense que les droits d'enregistrement et de dépôt sont dus lorsque le recours est formé autrement que par l'intermédiaire du préfet. Cette opinion est pratique constante.

104. Le recours doit être formé et enregistré au secrétariat général du conseil d'État, dans les trois mois de la notification de l'arrête du conseil de préfecture. — Ord., 8 février 1858 (Godchaux).

105. La requête doit contenir les moyens à l'appui du recours et désigner l'arrêté attaqué, à peine de rejet. — Ord., 22 février (Garnier).

106. Le recours n'est pas suspensif; en conséquence, le réclamant, nonobstant son recours au conseil d'État, est tenu d'acquitter les termes échus des droits de patente, d'après les bases établies ou maintenues par le conseil de préfecture.

Dispositions générales.

Art. 23.

La contribution des patentes est due pour l'année entière par tous les individus exerçant, au mois de janvier, une profession imposable.

En cas de cession d'établissement, la patente sera, sur la demande du cédant, transférée à son successeur; la mutation de cote sera réglée par le préfet.

En cas de fermeture des magasins, boutiques et ateliers, par suite de décès ou de faillite déclarée, les droits ne seront dus que pour le passé et le mois courant; sur la réclamation des parties intéressées, il sera accordé décharge du surplus de la taxe.

Ceux qui entreprennent, après le mois de janvier, une profession sujette à patente, ne doivent la contribution qu'à partir du premier du mois dans lequel ils ont commencé d'exercer, à moins que, par sa nature, la profession ne puisse pas être exercée pendant toute l'année. Dans ce cas, la contribution sera due pour l'année entière, quelle que soit l'époque à laquelle la profession aura été entreprise.

Les patentés qui, dans le cours de l'année, entreprennent une profession d'une classe supérieure à celle qu'ils exerçaient d'abord, ou qui transportent leur établissement dans une commune d'une plus forte population, sont tenus de payer, au prorata, un supplément de droit fixe.

Il est également dû un supplément de droit proportionnel par les patentables qui prennent des maisons ou locaux d'une valeur locative supérieure à celles des maisons ou locaux pour lesquels ils ont été primitivement imposés, et par ceux qui entreprennent une profession passible d'un droit proportionnel plus élevé.

Les suppléments seront dus à compter du 1er du mois dans lequel les changements prévus dans les deux derniers paragraphes auront été opérés.

107. La contribution des patentes est due pour l'année entière, sans que la cessation du commerce ou de l'industrie, dans le cours de l'année, puisse donner lieu à la restitution du droit, ou dispenser de payer les termes non encore échus.

108. *Première exception.* — En cas de cession d'établissement, la patente est reportée du cédant sur la tête du cessionnaire. A cet effet, le cédant présente une demande au préfet qui est chargé d'opérer la mutation. La loi du 1er brumaire an VII, faisait peser sur l'établissement cédé une contribution qui pouvait s'élever quelquefois presque au double de celle qu'il aurait dû supporter. Lorsqu'en effet la cession avait lieu au mois de février, le cédant, imposé pour l'année entière, payait ce droit pour douze mois, tandis que le cessionnaire, imposé à partir du 1er du mois dans lequel il avait commencé d'exercer, payait le droit pour onze mois. La loi nouvelle corrige ce que ce mode avait de trop rigoureux.

109. *Deuxième exception.* — La loi du 17 floréal an X (art. 26), disposait que le paiement de la contribution, en cas de décès du patentable, ne serait dû que pour le passé et le mois courant. La loi nouvelle maintient cette disposition et elle l'étend en outre à ceux dont les magasins, boutiques et ateliers sont fermés par suite de faillite déclarée.

110. La loi de l'an VII exigeait de ceux qui entreprennent une profession patentable après le mois de janvier, le droit de patente, à partir du commencement du trimestre dans lequel ils s'étaient établis. La loi nouvelle se borne à demander la contribution à partir du 1er du mois dans lequel le patentable a commencé d'exercer.

111. Le surplus de l'art. 22 est conforme aux art. 26 et 28 de la loi de l'an VII, en ce qui touche les patentés qui, dans le courant de l'année, entreprennent une profession d'une classe supérieure à celle qu'ils exerçaient; qui transportent leur établissement dans une commune d'une population plus forte, ou qui prennent des maisons ou locaux d'une valeur locative plus élevée.

112. S'il s'agit d'une maison de commerce dont la dissolution est suivie de liquidation, la patente n'est due que pour l'année, sans qu'on puisse l'exiger pour les années postérieures à la dissolution, mais le liquidateur doit être porté sur le rôle, toutes les fois que la liquidation peut donner lieu à des opérations commerciales. — Ord., 27 janvier 1843 (Ricard).

Art. 24.

La contribution des patentes est payable par douzième, et le recouvrement en est poursuivi comme celui des contributions directes; néanmoins, les marchands forains, les colporteurs, les directeurs de troupes ambulantes, les entrepreneurs d'amusements et jeux

*publics non sédentaires, et tous autres patentables dont la pro-
fession n'est pas exercée à demeure fixe, sont tenus d'acquitter le montant total de leur cote, au moment où la patente
leur est délivrée.*

*Dans le cas où le rôle n'est émis que postérieurement au 1er mars,
les douzièmes échus ne sont pas immédiatement exigibles ; le recouvrement en est fait par portions égales, en même temps que
celui des douzièmes non échus.*

113. La perception des patentes n'a lieu que par douzième de mois en mois.
Ceux-là seuls qui n'exercent pas des professions sédentaires sont tenus d'acquitter
le montant total du droit au moment où la patente est délivrée.

114. Toutefois, la loi nouvelle prévoyant le cas où les rôles ne seraient émis
qu'après le 1er mars, ainsi que cela arrive souvent, surtout à Paris et dans les
grandes villes, dispose, afin de ménager les intérêts des patentables, que les douzièmes échus ne seront pas immédiatement exigibles et qu'ils seront divisés en
autant de parties égales qu'il restera de douzièmes à échoir.

115. La perception de la contribution des patentes a lieu, comme celle des contributions directes, à la requête du percepteur et au domicile des patentables.

116. Le premier avertissement qui doit indiquer aux contribuables la somme
totale qu'ils doivent payer, est rédigé à mesure que les rôles se confectionnent, et
adressé en même temps que l'ordre pour la publication de ces rôles pour être remis
à chaque contribuable, moyennant 5 centimes pour les frais d'impression et de
remise. —L., 25 mars 1817, a. 71. — 15 mai 1818, a. 511.

117. — Tout contribuable est dans le cas d'être poursuivi et contraint pour les
douzièmes échus, dix jours après l'échéance. — L., 17 brum. an V, a. 5.

118. Huit jours avant le premier acte qui doit donner lieu à des frais, le percepteur est tenu de *sommer gratuitement* le patentable.—L., 25 mars 1817, a. 72.
15 mai 1818, a. 51.

119. Si le contribuable diffère de s'acquitter, il est sommé de nouveau et averti
qu'à défaut de paiement dans trois jours, le porteur de contrainte s'établira à son
domicile et à ses frais. Il est dû 5 centimes par le contribuable pour cette sommation. — Arr., 16 thermidor an VIII, a. 41 et 42.—L., 25 mars 1817, a. 71.—
15 mai 1818, a. 51

120. S'il n'est pas satisfait à cette sommation, le receveur particulier décerne
une contrainte qui a pour objet de soumettre le retardaire à la garnison collective
ou à la garnison individuelle.

121. La garnison collective consiste dans l'envoi d'un porteur de contrainte qui
s'établit chez plusieurs contribuables en retard de payer, à domicile réel et à leurs
frais, en commençant par le plus fort imposé, mais sans pouvoir rester plus de dix
jours dans la même commune, ou plus de deux jours chez la même personne.

122. — Les porteurs de contrainte ne peuvent pas s'établir à domicile chez les
redevables qui paient moins de 40 fr. de contributions directes. — *Idem*, a. 44.

123. — Ils ne peuvent exiger que le logement, la nourriture et une place au

feu commun. Il leur est expressément défendu de se loger à l'auberge aux frais des redevables, même sur la demande de ceux-ci. — *Idem*, a. 28.

124. En cas d'injure ou de rébellion contre eux, ils se retirent chez le maire ou l'adjoint pour en dresser procès-verbal. — Ce procès-verbal, visé par le maire, est envoyé au sous-préfet, lequel dénonce les faits, s'il y a lieu, aux juges compétents. — L., 26 septembre et 2 octobre 1791, a. 25. — Arrêté, 16 thermidor an VIII, a. 24.

125. De leur côté, les contribuables qui auraient à se plaindre des porteurs de contraintes, doivent s'adresser au sous-préfet, qui statue sommairement, et qui peut révoquer les porteurs, sauf dans tous les cas le recours au préfet. — L., 26 septembre, 28 octobre 1791, a. 24. — Arrêté du 16 thermidor an VIII, a. 25.

126. Le redevable qui ne s'est point libéré est encore contraint, par voie de garnisaire ou de contrainte individuelle ; cette contrainte ne peut pas durer plus de dix jours. Le contribuable est tenu de fournir au garnisaire le logement et la nourriture, et de lui payer 1 franc par jour. — L., 17 brumaire an V, a. 5.

127. Le garnisaire reçoit son salaire des mains du percepteur.

128. A l'expiration des dix jours fixés pour la garnison individuelle, un commandement est adressé au contribuable de payer dans le délai de trois jours, à peine de saisie et vente de ses meubles et effets mobiliers. — L., 17 brum. an V, a. 5. — Arrêté, 16 thermidor an VIII, a. 51.

129. Ce délai expiré, il est procédé à la saisie, et dix jours après la clôture du procès-verbal de saisie, il est passé outre à la vente des meubles et effets mobiliers, même des fruits pendants par racines. — *Idem*.

130. Ne peuvent être saisis les lits et vêtements nécessaires au contribuable et à sa famille ; les chevaux, mulets, bœufs, et autres bêtes de somme servant au labour ; les charrues, charrettes, ustensiles et instruments aratoires ; les harnais de bêtes à labourage. Il est laissé au contribuable en retard une vache à lait, et, à défaut de vache, une chèvre, ainsi que la quantité de grains ou graines nécessaires à l'ensemencement ordinaire des terres. — Les abeilles, les vers à soie, les feuilles de mûriers, ne sont saisissables que dans les temps déterminés par la loi sur les biens et les usages ruraux. — Les porteurs de contrainte qui contreviennent à ces dispositions sont condamnés à 100 francs d'amende. — L., 26 septembre, 2 octobre 1791, a. 16. — Arrêt, 16 thermidor an VIII, a. 52.

131. — Une loi du 12 novembre 1808 attribue au Trésor public un privilége pour le recouvrement des contributions directes. — Ce privilége s'exerce avant tout autre pour la contribution des patentes, sur tous les meubles et effets mobiliers appartenant aux redevables, en quelque lieu qu'ils se trouvent.

132. Indépendamment de ce privilége, le Trésor public peut exercer, comme tout autre créancier, ses droits sur tous les biens des redevables sans exception.

133. Le gouvernement avait proposé de déclarer que, si un patentable pourvu d'une charge à la nomination du gouvernement refusait de payer sa patente, il serait suspendu de ses fonctions jusqu'à paiement des termes échus ; cet article a été supprimé. Quand tous les autres moyens de poursuites ordinaires, dit le rapport de la commission de la Chambre des Députés, seront épuisés, le gouvernement pourra,

s'il le juge à propos, prononcer la suspension, mais il ne faut pas que cette mesure soit obligatoire.

ART. 25.

En cas de déménagement hors du ressort de la perception, comme en cas de vente volontaire ou forcée, la contribution des patentes sera immédiatement exigible en totalité.

Les propriétaires, et, à leur place, les principaux locataires, qui n'auront pas, un mois avant le terme fixé par le bail ou par les conventions verbales, donné avis au percepteur du déménagement de leurs locataires, seront responsables des sommes dues par ceux-ci pour la contribution des patentes.

Dans le cas de déménagements furtifs, les propriétaires, et, à leur place, les principaux locataires, deviendront responsables des termes échus de la contribution de leurs locataires, s'ils n'ont pas, dans les trois jours, donné avis du déménagemeut au percepteur.

La part de contribution laissée à la charge des propriétaires ou principaux locataires, par les paragraphes précédents, comprendra seulement le dernier douzième échu et le douzième courant dû par le patentable.

154. — A l'égard des commerçants qui changent leur domicile hors du ressort de la perception, ou dont le déménagement résulte d'une vente volontaire ou forcée, la loi nouvelle reproduit le texte de l'art. 22 de la loi du 21 avril 1832, sur la contribution personnelle et mobilière, déjà rendue applicable à la contribution des patentes par le règlement du 26 août 1854.

155. Quant à la responsabilité des propriétaires, elle était déjà consacrée par la loi du 21 avril 1832. — La loi nouvelle supprime seulement l'obligation où se trouvaient les propriétaires de se faire représenter, par leurs locataires, les quittances de la contribution des patentes ; elle n'engage la responsabilité des propriétaires que dans le cas où ils ne donnent pas, en temps utile, avis au percepteur du déménagement de leurs locataires.

156 — La loi nouvelle maintient les dispositions de la loi de 1852, sur la responsabilité des propriétaires et principaux locataires, dans le cas de déménagements furtifs. Cette responsabilité n'a lieu que lorsque les propriétaires ou les principaux locataires n'ont pas, dans les trois jours, donné avis du déménagement au percepteur.

ART. 26.

Les formules de patentes sont expédiées par le directeur des contributions directes, sur des feuilles timbrées de 1 franc 25 centimes. Le prix du timbre est acquitté en même temps que le premier douzième des droits de patente.

Les formules de patentes sont visées par le maire et revêtues du sceau de la commune.

157. Il semble, au premier coup-d'œil, qu'il y ait quelque injustice à exiger

que tous les patentables paient 1 franc 25 centimes la feuille de papier sur laquelle est imprimée la formule de leur patente. Pour un certain nombre d'entre eux, c'est presque moitié en sus de leur contribution totale. Pourquoi ne ferait-on pas varier le prix de la formule selon le chiffre de la contribution, soit en établissant un certain nombre de catégories, soit en réglant le prix au marc le franc de la contribution de chaque patentable? deux motifs s'y opposent : l'un, c'est que le tarif des dernières classes est calculé en vue du prix uniforme des formules, et qu'en fixant, par exemple, certains droits fixes à 2 ou 5 francs, il a été tenu compte de la somme de 1 francs 25 centimes qui devait y être ajoutée; en sorte que si le prix de la formule était abaissé pour les dernières classes, il y aurait lieu de rehausser le tarif; ce qui reviendrait au même pour le contribuable. En second lieu, si le coût des formules était proportionnel au taux des patentes, il en résulterait, pour les forts patentables, une telle addition de charges, qu'ils seraient en droit de réclamer une diminution dans le tarif (1)

Art. 27.

Tout patentable est tenu d'exhiber sa patente, lorsqu'il en est requis par les maires, adjoints, juges de paix, et tous autres officiers ou agents de police judiciaire.

158. Faute, par le patentable, de représenter sa patente lorsqu'il en est requis par les officiers ou agents de police judiciaire, il est présumé n'en avoir pas et il tombe sous l'application des articles suivants.

Art. 28.

Les marchandises mises en vente par les individus non munis de patentes, et vendant hors de leur domicile, seront saisies ou séquestrées aux frais du vendeur, à moins qu'il ne donne caution suffisante, jusqu'à la représentation de la patente ou la production de la preuve que la patente a été délivrée. Si l'individu non muni de patente exerce au lieu de son domicile, il sera dressé un procès-verbal qui sera transmis immédiatement aux agents des contributions directes.

Art. 29.

Nul ne pourra former de demande, fournir aucune exception ou défense en justice, ni faire aucun acte ou signification extra-judiciaire, pour tout ce qui est relatif à son commerce, sa profession ou son industrie, sans qu'il soit fait mention, en tête des actes, de sa patente, avec désignation de la date, du numéro et de la commune où elle aura été délivrée, à peine d'une amende de 25 francs, tant contre les particuliers sujets à la patente que contre les officiers ministériels qui auraient fait et reçu lesdits

____

(1) Rapport de M. Vitet.

*actes sans mention de la patente. La condamnation à cette
amende sera poursuivie, à la requête du procureur du roi, devant
le tribunal civil de l'arrondissement.*

*Le rapport de la patente ne pourra suppléer au défaut de l'énon-
ciation, ni dispenser de l'amende prononcée.*

139. Les lois des 6 fructidor an IV, a. 8, et 7 brumaire an VI, a. 26, pronon-
çaient la peine de nullité des actes pour le défaut de mention de la patente. Aujourd'hui, la sanction consiste uniquement en une simple amende, dont le chiffre,
d'après la loi du 1er brumaire an VII, était de 500 francs. La loi du 16 juin 1814
art. 10) l'avait abaissée à 50 francs. La loi nouvelle la réduit à 25 francs.

140. L'amende est encourue tant par le patentable pour lequel la demande ou
l'exception est proposée, ou l'acte est fait, que par l'*officier ministériel* qui a reçu ou
fait ledit acte sans mention de la patente. Les mots *officiers ministériels* ont été sub-
stitués aux mots : *fonctionnaires publics* que renfermait le projet, afin qu'il soit
bien constant que l'art. 28 n'est, dans aucun cas, applicable aux magistrats (1).

141. Les notaires sont compris dans l'expression : officiers ministériels (circul.
minist., 26 juillet 1851).

142. Toutefois, les officiers ministériels ne sont obligés de faire mention de la
patente qu'autant que les commerçants, pour lesquels ils instrumentent, en sont
pourvus. Dans le cas contraire, il suffirait de dire dans l'acte que le commerçant
n'a pas de patente ; ce dernier, seul, serait soumis à l'amende. Les officiers ministériels n'ont pas le droit de refuser leur ministère aux parties qui le requièrent,
sous prétexte qu'elles n'ont pas pris la patente à laquelle elles se trouvent soumises.
— Cour d'Aix, 4 décembre 1855 (Audoul). — Trib. civ. de la Seine, 18 novembre
1856 (Dessaignes). — Cour d'Angers, 4 avril 1858 (Tonnellier). — *Contrà*, Cour
d'Orléans, 5 avril 1856 (Dubois).

143. La mention doit contenir la date de la patente, son numéro et la désignation du lieu où elle a été délivrée. La loi n'indique point de termes sacramentels.
Il suffit que les énonciations de l'acte fassent connaître ces trois circonstances. Ainsi,
le vœu de la loi est rempli, lorsque l'acte renferme l'indication du domicile du
patenté et le numéro du registre sous lequel la patente avait été inscrite, bien qu'il
n'indique pas la date de la patente ni le lieu dans lequel elle a été delivrée. L'indication du numéro du registre équivaut à l'énonciation de la date, et l'indication
du domicile équivaut à l'indication du siége de l'autorité qui la délivré la patente.
— 11 mai 1851. — Rejet. — Ch. civ. (Bosc).

144. C'est la patente de l'année courante qui doit être mentionnée. Néanmoins,
pendant le premier mois de l'année, on ne peut énoncer que la patente de l'année
précedente. La patente ne se délivre que moyennant l'acquittement des termes
échus. Il serait injuste de forcer un contribuable à faire un paiement anticipé. —
Fav., *Rép.*, v° Patente.

145. Que, si l'on n'a pu se procurer la patente, l'amende pour défaut d'énon-

____

(1) Rapport de M. Vitet.

ciation est encourue, alors même que l'acte est antérieur en date à la publication des rôles. — Sol. de la régie, 8 juillet 1831.

146. De ce que la loi ne permet à personne de fournir aucune exception en justice, pour tout ce qui est relatif à son commerce, sans prendre une patente, il résulte que l'individu chez lequel des tabacs sont saisis, ne peut prétendre qu'il n'a pas besoin d'être pourvu d'une licence, parce qu'il est commissionnaire de roulage, alors qu'il ne peut exhiber de patente. — Cour cass,, ch. crim., 18 juillet 1806 (Chautreuil).

147. Aux termes de l'art. 28, ce n'est que dans les actes relatifs au commerce, à la profession des parties, que la mention de la patente est exigée. C'est dans ce cas que la loi du 1er brumaire an VII a toujours été interprétée. — Lettre du ministre des finances à la chambre des notaires de Paris, du 17 janvier 1815. — Instruction générale de la régie, du 20 du même mois, n° 668.

148. N'est pas considéré comme tel, un acte de prêt, lorsque rien n'indique que le prêt est relatif au commerce des parties et que l'obligation est causée pour prêt de pareille somme fait en espèce. — 14 mars 1832, req. (Depoilly).

149. Mais la mention est nécessaire pour les actes commerciaux, tels que les actes de société, les brevets d'apprentissage, les protêts d'effets de commerce, l'acte de vente d'un fonds de commerce, — 25 novembre 1831, trib. de la *Seine*, (Barbier); — Les assignations pour faits de commerce, alors même que l'action est intentée par un commis faisant pour la maison de commerce. Dans ce cas seulement, le commis est condamné à l'amende, sauf son recours contre la maison, s'il y a lieu. — 22 juillet 1807, cass., ch. civ., régie C. Guay.

150. Le caractère commercial des actes, doit résulter du procès-verbal du préposé de la régie, lorsqu'il s'agit d'un acte notarié et que la contravention a été constatée sur la minute. Si le procès-verbal n'est pas formel à cet égard, les juges peuvent, sans violer aucune loi, refuser la preuve offerte par le ministère public, au moyen de l'apport des minutes des notaires. — Rejet. — 20 août 1833 (Manceau).

151. L'amende prononcée par l'art. 29 est soumise à la prescription de deux ans. La prescription court du jour où la contravention a été commise. — L., 16 juin 1824, a. 14.

Art. 50.

Les agents des contributions directes peuvent, sur la demande qui, leur en est faite, faire délivrer des patentes avant l'émission du rôle après, toutefois, que les requérants ont acquitté, entre les mains du percepteur, les douzièmes échus, s'il s'agit d'individus domiciliés dans le ressort de la perception; ou la totalité du droit, s'il s'agit des patentables désignés en l'art. 23 ci-dessus, ou d'individus étrangers au ressort de la perception.

Art. 51.

Le patenté qui aura égaré sa patente ou qui sera dans le cas d'en justifier hors de son domicile, pourra se faire délivrer un certificat par le directeur ou par le contrôleur des contributions di-

rectes; ce certificat fera mention des motifs qui obligent le patenté à la réclamer, et devra être sur papier timbré.

Art. 52.

Il est ajouté, au principal de la contribution des patentes, 5 centimes par franc, pour couvrir les décharges, réductions, remises et modérations, ainsi que les frais d'impression et d'expédition des formules des patentes.

En cas d'insuffisance des 5 centimes, le montant du dépôt est prélevé sur le principal des rôles.

Il est, en outre, prélevé, sur le principal, 8 centimes, dont le produit est versé à la caisse municipale.

152. Les frais relatifs à la confection des rôles de la contribution des patentes sont à la charge du directeur des contributions directes. Il leur est alloué, pour leur travail, y compris les frais de registres, impressions, etc., 2 centimes par franc du principal. — Arrêté du 15 fructidor an VIII, a. 7. — L., 2 ventôse an XIII, a. 58.

153. Les frais d'impression et d'expédition des formules, ainsi que le fonds de réserve pour les décharges, réductions et modérations, sont réparties sur tous les patentables, qui les supportent à raison de 5 centimes par franc sur le principal de la contribution.

Art. 53.

Les contributions spéciales, destinées à subvenir aux dépenses des bourses et chambres de commerce, et dont la perception est autorisée par l'art. 11 de la loi du 23 juillet 1820, seront réparties sur les patentables des trois premières classes du tableau A annexé à la présente loi, et sur ceux désignés dans les tableaux B et C, comme passibles d'un droit fixe égal ou supérieur à celui desdites classes.

Les associés des établissements compris dans les classes et tableaux sus-désignés, contribueront aux frais des bourses et chambres de commerce.

Art. 54.

La contribution des patentes sera établie conformément à la présente loi, à partir du 1er janvier 1845.

Art. 55.

Toutes les dispositions contraires à la présente loi, seront et demeureront abrogées à partir de la même époque, sans préjudice des lois et réglements de police qui sont ou pourront être faits.

TABLEAU A.

TARIF GÉNÉRAL des professions imposées eu égard à la population.

CLASSES.	DE 100,000 AMES et au-dessus.	DE 50,000 A 100,000.	DE 30,000 A 50,000.	DE 20,000 A 30,000.	DE 10,000 A 20,000.	DE 5,000 A 10,000.	DE 2,000 A 5,000.	DE 2,000 AMES et au-dessous.
1re............	300 f.	240 f.	180 f.	120 f.	80 f.	60 f.	45 f.	35 f.
2e............	150	120	90	60	45	40	30	25
3e............	100	80	60	40	30	25	22	18
4e............	75	60	45	30	25	20	18	12
5e............	50	40	30	20	15	12	9	7
6e............	40	32	24	16	10	8	6	4
7e............	20	16	12	8	*8	*5	*4	*3
8e............	12	10	8	6	*5	*4	*3	*2

Le signe * veut dire : Exemption du droit proportionnel.

Sont réputés :

Marchand en gros, ceux qui vendent habituellement aux marchands en demi-gros et aux marchands en détail ;

Marchands en demi-gros, ceux qui vendent habituellement aux détaillants et aux consommateurs ;

Marchands en détail, ceux qui ne vendent habituellement qu'aux consommateurs.

PREMIÈRE CLASSE.

Aiguilles à coudre et à tricoter (marchand d') en gros.

Bas et bonneterie (marchand de) en gros. Beurre frais ou salé (marchand de) en gros. Blondes (marchand de) en gros. Bois à brûler (marchand de). Celui qui, ayant chantier ou magasin, vend au stère, ou par quantité équivalente ou supérieure(1). Bois de marine ou construction (marchand de). Bois merrain (marchand de) en gros, s'il vend par bateau ou charrette. Bois de sciage (marchand de) en gros. Bronzes, dorures et argentures sur métaux (marchand de) en gros.

Cachemires de l'Inde (marchand de). Caisse ou comptoir d'avances, ou de prêts (tenant). Caisse d'escompte (tenant). Caisse ou comptoir de recettes et de paiements. Changeur de monnaies. Chapeaux de paille (marchand de) en gros. Chapellerie (marchand de matières premières pour la). Charbon de bois (marchand de) en gros. Chiffonnier en gros. Cloutier (marchand) en gros. Coton et laine (marchand de) en gros. Coton filé (marchand de) en gros. Crins frisés (marchand de) en gros. Cristaux (marchand de) en gros. Cuirs en vert, étrangers (marchand de). Cuirs tannés, corroyés, lissés, vernissés (marchand de) en gros.

Denrées coloniales (marchand de). Dentelles (marchand de) en gros. Diamants et pierres fines (marchand de). Droguiste (marchand) en gros.

Eau-de vie (marchand d') en gros. Épiceries (marchand d') en gros (2). Escompteur.

Fanons ou barbes de baleine (marchand de) en gros. Fer en barres (marchand de) en gros. Celui qui vend habituellement par parties d'au moins cinq cents kilogrammes). Fleurets et filoselles (marchand de) en gros. Fromages secs (marchand de) en gros. Fruits secs (marchand de) en gros.

Graines fourragères, oléagineuses et autres (marchand de) en gros. Horlogerie (marchand de pièces d') en gros. Huiles (marchand d') en gros.

Inhumations et pompes funèbres (entreprise des), dans les villes autres que Paris.

Laine brute ou lavée (marchand de) en gros. Laine filée ou peignée (marchand de) en gros. Liége brut (marchand de) en gros. Lin ou chanvre brut ou filé (marchand de) en gros. Liqueurs (marchand de) en gros.

Merceries (marchand de) en gros. Métaux (marchand de) en gros, autres que l'or, l'argent, le fer en barres et la fonte. Miel et cire brute (marchand expéditeur de). Mine de plomb (marchand de) en gros.

Octroi (adjudicataire des droits d'). OEufs (marchand expéditeur d'). Os pour la fabrication du noir animal (marchand d') en gros.

Papetier (marchand) en gros. Pastel (marchand de) en gros. Parfumeur (mar-

---

(1) Le projet de loi, conformément à la jurisprudence, — Ord., 14 juin 1858 (Gout), considérait comme marchand de bois en gros l'adjudicataire de coupes de bois. Les chambres ont pensé que ce n'est pas l'achat du bois sur pied, mais la vente du bois abattu, qui constitue la profession imposable, et que l'adjudicataire qui fait commerce de bois abattu se trouve classé comme marchand de bois. — En conséquence, l'article intitulé *Adjudicataire de coupes de bois*, a été supprimé. — Par application de l'art. 15, le particulier qui vend uniquement les bois provenant de ses forêts ne peut être imposé à la patente de marchand de bois, bien qu'il ait un chantier constamment fourni de bois et toujours ouvert au public pour la vente ordinaire. — 17 janvier 1858 (Riduet). — Il ne suffit pas néanmoins, pour échapper à la patente, que le marchand prouve qu'il a des propriétés qui peuvent suffire à entretenir son commerce, il doit encore prouver que les bois vendus proviennent de ses propriétés. — Ord., 19 avril 1858 (Mignard).

(1) Le marchand en gros d'anis se trouve compris sous cette désignation. — Rapport de M. Vitet.

chand) en gros. Peaussier (marchand) en gros. Pelleteries et fourrures (marchand de) en gros, s'il tire habituellement des pelleteries de l'étranger ou s'il en envoie. Pendules et bronzes (marchand de) en gros. Pierres fines (marchand de). Planches (marchand de) en gros. Plumes et duvet (marchand de) en gros. Poisson salé, mariné, sec et fumé (marchand de) en gros. Porcelaine (marchand de) en gros.

Quincailleries (marchand de) en gros.

Résines et autres matières analogues (marchand de) en gros. Rogues ou œufs de morue (marchand de) en gros. Rubans pour modes (marchand de) en gros.

Safran (marchand de) en gros. Sangsues (marchand de) en gros. Schals (marchand de) en gros. Sel (marchand de) en gros. Soie (marchand de) en gros. Soie chand de) en gros.

de porc ou de sanglier (marchand de) en gros. Sucre brut et raffiné (marchand de) en gros. Suif fondu (marchand de) en gros.

Tabac (marchand de) dans le département de la Corse, en gros. Tabac en feuilles (marchand de). Teinture (marchand en gros de matières premières pour la). Thé (marchand de) en gros. Tissus de laine, de fil, de coton ou de soie (marchand de) en gros.

Ventes à l'encan (directeur d'un établissement de). Verres blancs et cristaux (marchand de) en gros. Vins (marchand de) en gros, vendant habituellement des vins par pièces ou paniers de vins fins, soit aux marchands en détail et aux cabaretiers, soit aux consommateurs (1). Vinaigre (marchand de) en gros.

DEUXIÈME CLASSE.

Abattoir public (concessionnaire ou fermier d'). Aiguilles à coudre et à tricoter (marchand d') en demi-gros.

Bas et bonneterie (marchand de) en demi-gros. Bijoutier (marchand fabricant) ayant atelier et magasin. Blondes (marchand de) en demi-gros. Bois de teinture (marchand de) en demi-gros. Bois à brûler (marchand de), celui qui, n'ayant ni chantier, ni magasin, vend sur bateau ou sur les ports, au stère ou par quantité équivalente ou supérieure.

Carrossier (fabricant). Chapeau de paille (marchand de) en demi-gros. Charbon de terre épuré ou non (marchand de) en gros. Cloutier (marchand) en demi-gros. Condition pour les soies (entrepreneur ou fermier d'une). Crin frisé (marchand de) en demi-gros. Cristaux (marchand de) en demi-gros.

Dentelles (marchand de) en demi-gros. Diorama, panorama, néorama, géorama (directeur de). Droguiste (marchand) en demi-gros.

Eau-de-vie (marchand d') en demi-gros. Entrepôt (concessionnaire, exploitant ou fermier des droits d'emmagasinage dans un). Entreprise générale du ba-

(1) La loi assimile aux marchands de vins en gros, les marchands qui vendent des vins fins par pièces ou paniers. — C'est au langage usuel et commercial qu'il faut demander la définition de ce que l'on doit entendre par *vins fins*.

Le décret du 15 décembre 1815, spécial aux marchands de vins de la ville de Paris, se trouve abrogé en tant qu'il soumettait le marchand de vin en gros à payer autant de patentes qu'il avait d'établissements moins un ; mais les dispositions de ce décret, prohibitives de la vente et de la possession de toute drogue pouvant servir à la fabrication des vins, sont maintenues. — M. le ministre des finances à la Chambre des Députés, séance du 29 février 1844. — *Moniteur*, p. 445.

layage, de l'arrosage ou de l'enlèvement des boues. Épiceries (marchand d') en demi-gros.

Fanons ou barbes de baleine (marchand de) en demi-gros. Fleurets et filoselle (marchand de) en demi-gros.

Huile (marchand d') en demi-gros.

Joaillier (fabricant et marchand) ayant atelier et magasin.

Laine filée ou peignée (marchand de) en demi-gros. Lin ou chanvre brut ou filé (marchand de) en demi-gros.

Merceries (marchand de) en demi-gros. Métaux (marchand en demi-gros de), autres que l'or, l'argent, le fer en barre, la fonte.

Nouveautés (marchand de).

Omnibus et autres voitures semblables (entreprise d'). Orfèvre (marchand fabriquant), avec atelier et magasin. Or et argent (marchand d').

Quincaillier en demi-gros.

Ruban pour modes (marchand de) en demi-gros.

Sel (marchand de) en demi-gros. Serrurerie (marchand expéditeur d'objets de). Soie (marchand de) en demi-gros. Soies de porc ou de sanglier (marchand de) en demi-gros. Sucre brut et raffiné (marchand de) en demi-gros. Suif fondu (marchand de) en demi-gros.

Thé (marchand de) en demi-gros. Tissus de laine, de fil, de coton ou de soie (marchand de) en demi-gros.

Verres blancs et cristaux (marchand de) en demi-gros. Verroterie et gobeletterie (marchand de) en demi-gros.

TROISIÈME CLASSE.

Affineur d'or, d'argent ou de platine. Agréeur. Ardoises (marchand d') en gros, celui qui expédie par bateaux ou voitures.

Bâtiments (entrepreneur de). Bazar de voiture (tenant). Bijoutier (marchand) n'ayant point d'atelier. Bimbelottier (marchand) en gros. Bœufs (marchand de). Bois en grume ou de charronage (marchand de). Bois de sciage (marchand de), si, ayant chantier ou magasin, il ne vend qu'aux menuisiers, ébénistes, charpentiers et aux particuliers. Bois d'ébénisterie (marchand de). Bouchons (marchand de) en gros. Broderies (fabricant et marchand de) en gros.

Caractères d'imprimerie (fondeur de). Carton ou carton pierre (marchand fabricant d'ornements en pâte de). Chocolat (marchand de) en gros. Cidre (marchand de) en gros. Comestibles (marchand de). Confiseur. Conserves alimentaires (marchand de). Coraux bruts (marchand de). Coraux (préparateur de). Cuirs en vert du pays (marchand en gros de).

Déménagements (entrepreneur de), s'il a plusieurs voitures. Distillateur-liquoriste. Droguiste (marchand en détail) (1).

---

(1) La loi de germinal an II (art. 55), défend aux droguistes de vendre des drogues et drogueries médicamenteuses au poids médicinal. Cass., 1er avril 1858 (Krabb), mais ils peuvent vendre en détail des drogues simples. Il y a 7 à 800 droguistes en détail actuellement inscrits sur les rôles.

Eau filtrée ou clarifiée et dépurée (entrepreneur d'un établissement d'). Encre à écrire (fabricant marchand en gros d'). Eponges (marchand d') en gros. Equipements militaires (marchand d'objets d'). Essayeur pour le commerce.

Fer en meubles (marchand de). Fondeur d'or et d'argent. Fruits secs (marchand de) en demi-gros.

Gantier (marchand fabricant). Glacier-limonadier.

Halles, marchés et emplacements sur les places publiques (fermier ou adjudicataire des droits de). Harpes (facteur et marchand de) ayant boutique ou magasin. Horloger. Hôtel garni (maître d') tenant un restaurant à la carte. Houblon (marchand de) en gros. Hydromel (fabricant et marchand d').

Imprimeur-libraire. Imprimeur typographe.

Jambons (marchand expéditeur de). Joaillier (marchand) n'ayant point d'atelier.

Lattes (marchand de) en gros. Libraire-éditeur. Linger-fournisseur. Liqueurs (fabricant de).

Marbre (marchand de) en gros. Modes (marchand de).

Nacre brute (marchand de). Navires (constructeur de).

Orfèvre (marchand) sans atelier.

Pâtissier expéditeur. Pavage des villes (entrepreneur de). Pendules et bronze (marchand de) en détail. Pharmacien. Pianos et clavecins (facteur et marchand en boutique ou magasin de). Plaqué ou doublé d'or et d'argent (fabricant et marchand d'objets). Plume et duvet (marchand de) en détail. Plumes à écrire (marchand expéditeur de). Poissons salés, marinés, secs et fumés (marchand de) en demi-gros.

Restaurateur à la carte.

Saleur de viandes. Sarreaux ou blouses (marchand de) en gros. Schalls (marchand de) en détail. Sellier-carossier. Soie (marchand de) en détail. Soudes végétales indigènes (marchand de) en gros.

Tabletterie (marchand de matières premières pour la). Tailleur (marchand), avec magasin d'étoffe. Tapis de laine et tapisseries (marchand de). Tissus de laine, de fil, de coton ou de soie (marchand) en détail. Tournerie de Saint-Claude (marchand expéditeur d'articles de). Tourteaux (marchand de).

Voilier (pour son compte).

QUATRIÈME CLASSE.

Agence ou bureau d'affaires (directeur d') (1). Aiguilles à coudre et à tricoter (marchand d') en détail. Alambics et autres grands vaisseaux en cuivre (fabricant ou marchand d'). Anchois (saleur d'). Apparaux (maître d'). Appréciateur au Mont-de-Piété. Aubergiste.

(1) Sont considérés comme directeurs d'agence d'affaires, les individus qui se livrent à des opérations de prêt et d'escompte. — Ord., 5 avril 1834 (Donon). — Diverses décisions ministérielles rangent dans la classe des agents d'affaires, les personnes qui se chargent de recouvrements sur l'État et sur particuliers, des ventes acquisitions et locations de biens, etc... Il en est de même des receveurs de rentes. — Ord., 30 septembre 1830 (Dauchez-Huret). — Rapport de M. Vitet.

Bacs (fermier de), pour un fermage de 1,000 fr. et au-dessus. Baleines (marchand de brins de). Bas et bonneterie (marchand de) en détail. Billards (fabricant de), ayant magasin. Blondes (marchand de) en détail. Bois de teinture (marchand de) en détail. Boissellier (marchand) en gros. Bottier (marchand). Boucher (marchand). Boules à teinture (fabricant de). Brodeur sur étoffes, en or et en argent. Bronze, dorure et argenture sur métaux (marchand de) en détail.

Cafetier. Caoutchouc (fabricant ou marchand d'objets non confectionnés, ou d'étoffes garnies en). Cartier (fabricant de cartes à jouer). Chapeaux de feutre et de soie (fabricant de). Charcutier. Charpentier (entrepreneur-fournisseur). Chasublier (marchand). Chaudières en cuivre (fabricant de). Chevaux (marchand de). Cire à cacheter (fabricant de). Cire (blanchisseur de), employant moins de six ouvriers. Cirier (marchand). Cochons (marchand de). Commissionnaire au Mont-de-Piété. Cordier (fabricant de câbles et cordages pour la marine ou la navigation intérieure). Cordonnier (marchand). Corroyeur (marchand). Coton filé (marchand de) en détail. Cotrets sur bateaux (marchand de). Couleurs et vernis (fabricant et marchand de). Couvertures de soie, bourre, laine et coton, etc. (marchand de). Couverts et autres objets en fer battu ou étamé (fabricant et marchand de) en gros, par procédés ordinaires. Couvreur (entrepreneur). Crin frisé (marchand de). Cuirs tannés, corroyés, lissés, vernissés (marchand de) en détail.

Décors et ornements d'architecture (marchand de). Dentelles (marchand de). Dorures et argentures sur métaux (fabricant ou marchand de) en détail. Dorures pour passementerie (marchand de).

Eaux minérales factices (marchand d'). Écorces de bois pour tan (marchand de) Estaminet (maître d'). Estampeur en or et en argent.

Facteurs de denrées et marchandises (partout ailleurs qu'à Paris). Farines (1) (marchand de) en gros. Fer en barres (marchand de) en détail, celui qui vend habituellement par quantité inférieure à 500 kilogrammes. Fils de chanvre ou de lin (marchand de) en détail. Fleurets et filoselle (marchand de) en détail. Fonte ouvragée (marchand de). Fosses mobiles inodores (entrepreneur de). Fourreur. Fromages secs (marchand de) en demi-gros. Fromage de pâte grasse (marchand de) en gros.

Garde du commerce. Graines fourragères, oléagineuses et autres (marchand de) en demi-gros. Grainetier-fleuriste (expéditeur). Grains (marchand de) en gros. Graveur sur cylindres.

Herboriste expéditeur. Hongroyeur ou bongrieur. Horlogerie (marchand de fournitures d'). Hôtel garni (maître d'). Houblon (marchand de) en demi-gros.) Huiles (marchand de) en détail.

Instruments pour les sciences (facteurs et marchands d') ayant boutique ou

---

(1) Le meunier qui achète du grain, le convertit en farine qu'il livre au commerce, est marchand de farine. En conséquence, si le droit fixe pour la profession de meunier, calculé d'après les bases du tableau C, 2ᵉ partie, est inférieur à celui qu'il devrait payer comme marchand de farine, c'est la patente de marchand de farine qui est due. Si, au contraire, le droit fixe pour la profession de meunier est supérieur au droit fixe de la profession de marchand de farine, c'est la patente de meunier qui est exigée.

magasin. Jardin public (tenant un). Jaugeage des liquides (adjudicataire des droits de).

Laine brute ou lavée (marchand de) en détail. Laine filée (marchand de) en détail. Laineur. Légumes secs (marchand de) en gros. Limonadier non glacier. Liqueurs (marchand de) en détail. Lustres (fabricant et marchand de).

Maçonnerie (entrepreneur de). Manége d'équitation (tenant un). Mâts (constructeur de). Mécanicien. Menuisier (entrepreneur). Merceries (marchand de) en détail. Métaux (marchand de) autres que l'or, l'argent, le fer en barres et la fonte en détail. Meules de moulins (fabricant de). Miel et cire brute (marchand non-expéditeur de). Moutardier (marchand en gros). Moutons et agneaux (marchand de). Mulets et mules (marchand de).

Nécessaires (marchand de). Nougat (fabricant expéditeur de).

Oranges, citrons, (marchand de) expéditeur. Orgues d'église (facteur d'). Ornemaniste.

Pastel (marchand de) en détail. Papetier (marchand) en détail. Pâtissier (non-expéditeur). Peaussier (marchand) en détail. Peaux en vert ou crues (marchand de). Peinture (entrepreneur de) en bâtiment. Pelleteries et fourrures (marchand de) en détail. Pesage et mesurage (fermier des droits de). Pierre artificielle ou factice (fabricant d'objets en) Plieur d'étoffes. Polytypages (fabricant de). Pompes à incendie (fabricant de) Presseur de poisssons de mer. Presseur de sardine. Pruneaux et prunes sèches (marchand en gros).

Quincaillier en détail.

Receveur de rentes. Registres (fabricant de). Restaurateur et traiteur à la carte et à prix fixe. — Rubans pour modes (marchand de) en détail.

Sabots (marchands de) en gros. Safran (marchand de) en demi-gros Serrurerie (entrepreneur de). Serrurier mécanicien. Serrurier en voitures suspendues. Sondes (fabricant de grandes). Suif en branches (marchand de). Suif fondu (marchand de) en détail.

Tapissier (marchand). Thé (marchand de) en détail. Tôle vernie (fabricant d'ouvrages en). Tourbe (marchand de) en gros. Truffes (marchand de). Tulles (marchand de) en détail. Tuyaux en fil de chanvre pour les pompes à incendies et les arrosements (fabricant de).

Vaches ou veaux (marchand de). Vanneries (marchand expéditeur de). Verres à vitres (marchand de). Vinaigrier en détail. Vins (marchand de) en détail, vendant habituellement, pour être consommés hors de chez lui, des vins au panier ou à la bouteille. Vins (voiturier marchand de). Volailles truffées (marchand de).

CINQUIÈME CLASSE.

Accouchement (chef de maison d') (1). Acier poli (fabricant d'objets en) pour son compte. Affineur de métaux autres que l'or, l'argent et le platine. Agraffes (fabricant d') par les procédés ordinaires (pour son compte). Albâtre (fabricant ou marchand d'objets en). Almanachs ou annuaires (éditeur-propriétaire d'). Appareils

______

(1) L'accoucheur est exempté par l'art. 15.

et ustensiles pour l'éclairage en gaz (fabricant d'). Apprêteur de chapeaux de paille. Apprêteurs d'étoffes pour les particuliers. Armurier. Aubergiste ne logeant qu'à cheval.

Bains publics (entrepreneur de). Balancier (marchand). Bals publics (entrepreneur de). Bijoutier (fabricant) pour son compte sans magasin. Bijoux en faux (marchand de) (1). Blanchisseur de toiles et fils pour les particuliers. Blatier avec voiture. Bois à brûler (marchand de) celui qui, n'ayant ni chantier ni magasin, ni bateau, vend par voiture au domicile des consommateurs. Bois feuillard (marchand de). Bois de volige (marchand de). Bois de bateaux (marchand de). Bois de boissellerie (marchand de). Boîtes et bijoux à musique (fabricant de mécanique pour) pour son compte. Boucher en détail. Bouclerie (fabricant de) pour son compte. Bougies (marchand de). Boulanger. Bouteille de verre (marchand de). Boutons de métal, corne, cuir bouilli, etc. (fabricant de) pour son compte. Brocanteur en boutique ou magasin. Broches et canelets pour la filature (fabricant de) pour son compte. Broderies (fabricant et marchand de) en détail. Bureau de distribution d'imprimés, de cartes de visites, annonces, etc. (entrepreneur de). Bureau d'indication et de placement (tenant un).

Cabaretier ayant billard. Cabriolet sur place ou sous remise (loueur de), s'il a plusieurs cabriolets. Calandreur d'étoffes neuves. Caractères mobiles en métal (fabricant de). Carrossier raccommodeur. Cartonnage fin (fabricant et marchand de). Cercles ou sociétés (fournisseur des objets de consommatton dans les). Chapeaux de paille (marchand de) en détail. Chapellerie en fin. Chapellerie (marchand de fournitures pour la). Charbon de bois (marchand de) en demi-gros. Charbon de terre épuré ou non (marchand de) en demi-gros Chasse (marchand d'ustensiles de). Chaudronnier (marchand). Cheminées dites économiques (fabricant et marchand de). Chevaux (loueur de). Chevaux (tenant pension de). Cheveux (marchand de). Chocolat (marchand de) en détail. Cloches de toutes dimensions (marchand de). Cloutier (marchand) en détail. Coffretier-malletier en cuir. Colle pour la clarification des liqueurs (fabricant de). Colleur d'étoffes. Cornes brutes (marchand de). Coutelier (marchand et fabricant). Crémier-glacier. Crics (fabricant et marchand de). Crin frisé (apprêteur de). Cristaux (marchand de) en détail. Culottier en peau (marchand). Curiosité (marchand en boutique d'objets de).

Décatisseur. Déchireur ou dépeceur de bateaux. Dés à coudre, en métal autre que l'or et l'argent (fabricant de) pour son compte. Distillateur d'essences et eaux parfumées et médicinales.

Eau-de-vie (marchand d') en détail. Ébéniste (marchand) ayant boutique ou magasin. Éclairage à l'huile pour le compte des particuliers (entrepreneur d'). Éperonnier pour son compte. Épicier en détail. Éponges (marchand d') en détail. Équipage (maître d'). Étain (fabricant de feuilles d'). Étriers (fabricant d') pour son compte. Étrilles (fabricant d') pour son compte.

Ferblantier-lampiste. Ferronnier. Fiacres (loueur de) s'il a plusieurs voitures.

(1) Sous la loi de brumaire an VII, le bijoutier en faux était assimilé au marchand de bronze et de quincaillerie. — Ord., 16 mai 1834 (Brissaud). — La loi nouvelle le range dans la même classe que le chaudronnier.

Fleurs artificielles (fabricant et marchand de). Fondeur en fer, en bronze ou en cuivre (avec des creusets ordinaires). Forces (fabricant de) pour son compte. Forgeron de petites pièces (canons, platines). Foulonnier. Fourrages (marchand de) par bateaux, charrettes ou voitures. Frangier (marchand)

Galonnier (marchand). Gantier (marchand). Glaces (marchand de) (Miroitier). Glacier.

Instruments de chirurgie en métal (fabricant et marchand d'). Ivoire (marchand d'objets en).

Jaugeur juré pour les liquides. Jeu de paume (maître de). Joaillier (fabricant) pour son compte.

Lampiste. Lapidaire en pierres fausses (fabricant ou marchand), ayant boutique ou magasin. Laveur de laines. Layetier-emballeur. Libraire. Liége brut (marchand de) en détail. Loueur de voitures suspendues. Lunettier (marchand). Lutherie (marchand de fournitures de). Luthier (fabricant), pour son compte.

Magasinier. Maître ou patron de barque ou bateau, naviguant, pour son propre compte, sur les fleuves, rivières ou canaux, soit que la barque lui appartienne, soit qu'il l'ait louée; si le conducteur n'est qu'un homme à gages, la patente est due par le propriétaire de la barque ou du bateau. Maréchal expert. Maroquinier, pour son compte. Marrons et châtaignes (marchand expéditeur de). Mégissier, pour son compte. Menuisier-mécanicien. Métiers à bras (forgeur de), pour son compte. Meubles (marchand de). Meules à aiguiser (fabricant et marchand de). Mine de plomb (marchand de) en détail. Minerai de fer (marchand de) ayant magasin. Miroitier. Modiste. Monuments funèbres (entrepreneur de). Moulures (fabricant de), pour son compte. Moulures (marchand de), en boutique. Musique (marchand de).

Nacre de perles (fabricant d'objets en), pour son compte. Nacre de perles (marchand d'objets en). Natation (tenant une école de).

Orfèvre (fabricant), pour son compte. Orgues portatives (facteur d'), pour son compte.

Papier peint pour tenture (marchand de). Parc aux charrettes (tenant un). Parfumeur (marchand), en détail. Passementier (marchand). Pavés (marchand de). Peignes de soie (marchand de). Peintre-vernisseur en voitures ou équipages. Perles fausses (marchand de). Pierres brutes (marchand de). Pierres lithographiques (marchand de). Planches (marchand de) en détail. Plombier. Plumassier (fabricant et marchand). Plumes à écrire (marchand de), non expéditeur. Poisson frais (marchand de), vendant par forte partie aux détaillants. Pompes de métal (fabricant de). Porcelaine (marchand de) en détail. Poudrette (marchand de). Relais (entrepreneur de), même lorsqu'il est maître de poste. Résines et autres matières analogues (marchand de) en détail. Rogues ou œufs de morue (marchand de) en détail. Restaurateur et traiteur, à prix fixe seulement. Rôtisseur.

Saleur d'olives. Seaux à incendie (fabricant de). Sellier-harnacheur. Serrurier non entrepreneur. Soies de porc ou de sanglier (marchand de) en détail. Soufflets (fabricant et marchand de gros) pour les forgerons, bouchers, etc. Sparterie pour modes (fabricant de). Sucre brut et raffiné (marchand de) en détail.

Tableaux (marchand de). Taffetas gommés ou cirés (marchand de). Taillandier.

Tailleur (marchand d'habits neufs). Tailleur (marchand), sans magasin d'étoffes, fournissant sur échantillons. Tapis peints ou vernis (marchand de). Toiles cirées et vernies (marchand de). Toiles métalliques (fabricant de), pour son compte. Tôle vernie (marchand d'ouvrages en). Traçons (maître de).

Ustensiles de chasse et de pêche (marchand d').

Vannier-emballeur pour les vins. Verres blancs et cristaux (marchand de) en détail. Vidange (entrepreneur de). Vins (marchand de) en détail, donnant à boire chez lui et tenant billard.

SIXIÈME CLASSE.

Affiches (entrepreneur de la pose et de la conservation des). Agaric (marchand d'). Agent dramatique. Aiguilles, clefs et autres petits objets pour montres ou pendules (fabricant d'), pour son compte. Allumettes chimiques (fabricant et marchand d'). Anatomie (fabricant de pièces d'). Anatomie (tenant un cabinet d'). Anes (marchand d'). Annonces et avis divers (entrepreneur d'insertions d'). Appréciateur d'objets d'art. Apprêteur de peaux. Apprêteur de plumes, laines, duvets et autres objets de literie. Ardoises (marchand d'), celui qui vend par milliers aux maçons et aux entrepreneurs de bâtiments. Arrosage (entreprise particulière d'). Arrimeur. Artificier.

Bacs (fermier de), pour un prix de fermage au-dessous de 1,000 fr. Baies de genièvre (marchand de). Bains de rivière en pleine eau (entrepreneur de). Balancier (fabricant), pour son compte. Balançons (marchand de). Balayage (entreprise partielle de). Bandagiste. Bardeaux (marchand de). Baromètres (fabricant ou marchand de). Barques, bateaux ou canaux (constructeur de). Bateaux à laver (exploitant des). Battendier.

Batteur de bois de teinture. Batteur d'écorce. Batteur de graine de trèfle. Batteur d'or et d'argent. Baudruche (apprêteur de). Beurre frais ou salé (marchand de) en détail. Bierre (marchand ou débitant de). Bijoutier en faux (fabricant pour son compte). Billards (fabricant de) sans magasin. Bisette (fabricant et marchand de). Blanc de craie (fabricant et marchand de). Blatier, avec bêtes de somme. Bluteaux ou blutoirs (fabricant et marchand de). Bois merrains (marchand de), s'il ne vend qu'aux tonneliers et aux particuliers. Boisselier (marchand) en détail. Boiseries (marchand de vieilles). Bombagiste. Bombeur de verres. Bossetier. Bouchonnier. Bouchons (marchand de) en détail. Boues (entreprise partielle de l'enlèvement des). Bouilleur ou brûleur d'eau-de-vie. Bouillon et bœuf cuit (marchand de). Bourre de soie (marchand de). Bourrelier. Boyaudier. Brasseur à façon. Bretelles et jarretières (fabricant pour son compte). Bretelles et jarretières (marchand de). Briou (fabricant de). Briques (marchand de). Briquets phosphoriques et autres (fabricant de). Brocanteur d'habits en boutique. Brossier (fabricant pour son compte). Brossier (marchand). Buffletier (marchand). Buis ou racines de buis (marchand de). Bustes en plâtre (mouleur de).

Cabaretier. Cabinet de lecture (tenant un), où l'on donne à lire les journaux et les nouveautés littéraires. Cabinets d'aisance publics (tenant). Cadrans de montres et de pendules (fabribant de) pour son compte. Cadres pour glaces et tableaux (marchand de). Café de chicorée en poudre (marchand de). Cafetières du Levant ou marabouts (fabricant de) pour son compte. Caisses de tambour (facteur de). Calfat (radoubeur de navires). Canelles et robinets en cuivre (fabricant de) pour son compte. Cannes (marchand de) en boutique. Cantinier dans les prisons, hospices et autres établissements publics (1). Caparaçonnier pour son compte. Capsules métalliques (fabricant de) pour boucher les bouteilles. Cardes (fabricant de) par les procédés ordinaires (pour son compte). Carreaux à carreler (marchand de). Carrés de montre (fabricant de) pour son compte. Cartes de géographie (marchand de). Cartons pour bureaux et autres (fabricant de) pour son compte. Casquettes (fabricant de) pour son compte. Cendres (laveur de). Cercles ou cerceaux (marchand de). Chaînes de fil, laine ou coton préparées pour la fabrication des tissus (marchand de). Chaises fines (marchand et fabricant de). Chaises (loueur de) pour un prix de ferme de 2,000 francs et au-dessus. Chamoiseur (pour son compte). Chandeliers en fer et en cuivre (fabricant de) pour son compte. Chanvre (marchand de) en détail. Chapelier en grosse chapellerie. Charcutier revendeur. Charpentier. Charrée (marchand de). Charron. Châsses de lunettes (fabricant de) pour son compte. Chaux (marchand de). Chef de ponts et pertuis. Cidre (marchand et débitant de) en détail. Cimentier (2) employant moins de cinq ouvriers. Ciseleur. Clinquant (fabricant de) pour son compte. Clochettes (fondeur de) sans boutique ni magasin. Coffretier-malletier en bois. Coiffeur. Cols (fabricant de) pour son compte. Cols (marchand de). Combustibles (marchand de) en boutique. Commissionnaire porteur pour les fabricants de tissus. Coquetier avec voiture. Cordes harmoniques (fabricant de) pour son compte. Cordes métalliques (fabricant de) pour son compte. Cordier (marchand). Corne (apprêteur de) pour son compte. Corne (fabricant de feuilles transparentes de) pour son compte. Corsets (fabricant et marchand de). Cosmorama (directeur de). Costumier. Coupeur de poils (marchand) pour son compte. Courtier-gourmet piqueur de vins. Couturière (marchande). Couverts et autres objets en fer battu ou étamé (fabricant et marchand de) en détail. Couvreur (maître). Crayons (marchand de). Crépins (marchand de). Crinières (fabricant de) pour son compte. Crin plat (marchand de). Cuir bouilli et vernis (fabricant ou marchand d'objets en). Cuirs et pierres à rasoirs (fabricant et marchand de). Cuivre de navires (marchand de vieux).

Dalles (marchand de. Damasquineur. Découpoirs (fabricant de) pour son compte. Déménagements (entrepreneur de) s'il a une seule voiture. Dentelles (facteur de). Dépeceur de voitures. Dessinateur pour fabriques. Doreur et argenteur. Doreur sur bois.

Ebéniste (5) (fabricant) pour son compte, sans magasin. Ecrans (fabricant d') pour son compte. Emailleur pour son compte. Emballeur non layetier. Encre à écrire (fabricant et marchand d') en détail. Enduit contre l'oxydation (applicateur

---

(1) L'art. 15 exempte de toute patente les cantiniers de l'armée.

(2) L'on a pensé qu'il y avait lieu d'ajouter à cet article ces mots : employant moins de cinq ouvriers, pour distinguer cette profession de celle portée au tableau C, sous le nom de mastic et ciment (fabricant de), et frappée d'un droit fixe de 50 fr.

(3) Les mots *sans magasin* ont été ajoutés pour distinguer le marchand ébéniste porté à la cinquième classe, du fabricant qui vend au fur et à mesure les produits de sa fabrication.

d'). Enjoliveur (marchand). Epingles (fabricant) par les procédés ordinaires. Essayeur de soie. Estampes et gravures (marchand d'). Etameur de glaces. Eventailliste (marchand fabricant) ayant boutique ou magasin.

Facteur de fabrique. Fagots et bourrées (marchand de) vendant par voiture. Faïence (marchand de). Farines (marchand de) en détail. Ferblantier. Feutre (fabricant et marchand de) pour la papeterie, le doublage des navires, plateaux, vernis, etc. Filagraniste. Filasse de nerfs (fabricant de) pour son compte. Filets pour la pêche, la chasse, etc. (fabricant de). Fileur (entrepreneur). Filotier. Fleurs artificielles (marchand d'apprêts et papier pour). Fleur d'oranger (marchand de). Fondeur d'étain, de plomb ou fonte de chasse. Fontaines publiques (fermier de). Fontaines à filtre (fabricant et marchand de). Formaire (pour la fabrication du papier) pour son compte. Fouleur de bas et autres articles de bonneterie. Fouleur de feutres pour les chapeliers. Fourbisseur (marchand). Fournaliste. Fourneaux potagers (fabricant et marchand de). Fourrages (débitant de) à la botte ou en petite partie au poids. Fripier Fromages de pâtes grasses (marchand de), en détail. Fromages secs (marchand de) en détail. Fruitier-oranger. Fruits secs (marchand de) en détail. Fruits secs pour boisson (marchand de). Fumiste.

Garde-robes inodores (fabricant et marchand de). Gibernes (fabricant de) pour son compte Glace, eau congelée (marchand de). Globes terrestres et célestes (fabricant et marchand de). Gommeur d'étoffes. Graine de moutarde blanche (marchand de) Graines (marchand de) en detail. Grenetier-fleuriste en détail. Graveur sur métaux (fabricant les timbres secs et gravant sur bijoux). Grue (maître de).

Harpes (facteur de) n'ayant ni boutique ni magasin. Herboriste-droguiste. Histoire naturelle (marchand d'objets d'). Horlogerie (fabricant de pièces d') pour son compte. Horloger-rhabilleur (marchand). Huîtres marchand (d').

Images (fabricant ou marchand d'.) Imprimeur-lithographe éditeur. Instruments aratoires (fabricant d'). Instruments de chirurgie en gomme élastique (fabricant d'). Instruments de musique à vent, en bois ou en cuivre (facteur d'). Instruments pour les sciences (facteur d') sans boutique ni magasin. Ivoire (fabricant d'objets en) pour son compte.

Jais ou jaïet (fabricant ou marchand d'objets en.)

Kaolin et pétenzé (marchand de).

Lamineur par les procédés ordinaires. Lanternier. Lattes (marchand de) en détail. Lavoir public (tenant un). Layetier. Levure ou levain (marchand de). Lin (marchand de) en détail. Linge de table et de ménage (loueur de). Linger. Lithochrome-imprimeur. Lithochromies (marchand de). Lithographies (marchand de). Lithophanies pour stores (fabricant et marchand de). Loueur de tableaux et dessins. Loueur en garni. Lunetier (fabricant). Lustreur de fourrures.

Maçon (maître). Maison particulière de retraite (tenant une). Marbre factice (fabricant et marchand d'objets en) Marbrier. Maréchal-ferrant. Masques (fabricant et marchand de). Matériaux (marchand de vieux). Menuisier. Mercerie (marchand de menue). Metteur en œuvre (pour son compte). Meubles d'occasion (marchand d e). Moireur d'étoffes (pour son compte). Monteur de métiers. Mosaïque (marchand de). Mulquinier : celui qui prépare le fil pour les chaînes servant à la fabricant des tissus.

Naturaliste (marchand). Nécessaires (fabricant de) pour son compte. Nourrisseur de vaches et de chèvres pour le commerce du lait (1).

Oranges et citrons (marchand d') en boutique et en détail. Os (fabricant d'objets en) pour son compte. Outres (fabricants d') pour son compte, Outres (marchand d').

Paille (fabricant de tissus pour les chapeaux de) pour son compte. Paillettes et paillons (fabricant de) pour son compte. Pain à cacheter et à chanter (fabricant et marchand de). Pains d'épices (fabricant ou marchand en boutique de). Papiers de fantaisie (fabricant de) pour son compte. Parapluies (fabricant et marchand de). Parcheminier pour son compte. Parquetteur (menuisier). Pâtes alimentaires (marchand de). Paveur. Peaux de lièvres et lapins (marchand de) en boutique. Pêche (adjudicataire ou fermier de) pour un prix de 2,000 francs ou au-dessus. Peignes à sérancer (fabricant de) pour son compte. Peignes d'écaille (fabricant de) pour son compte. Peignes (marchand de) en boutique. Peintre en bâtiments non entrepreneur. Pension bourgeoise (tenant). Pension particulière de vieillards (tenant). Perles fausses (fabricant de) pour son compte. Peseur et mesureur juré. Pianos et clavecins (facteur de) n'ayant ni boutique ni magasin. Pierres à brunir (fabricant et marchand de). Pierres fausses (fabricant de). Pierres bleues (marchand de) pour le blanchissage du linge. Pierres taillées (marchand de). Pinceaux (fabricant de) pour son compte. Pipes (marchand de). Plafonneur. Plâtre (marchand de). Plâtrier (maçon). Plomb de chasse (fabricant ou marchand de). Plumes métalliques (marchand-fabricant de). Poêlier en faïence, fonte, etc. Polisseur d'objets en or, argent, cuivre, acier, écaille, os, corne, etc. Porces pour les papetiers (fabricant de). Portefeuilles (fabricant de) pour son compte. Portefeuilles (marchand de). Pottier d'étain. Poudre d'or (fabricant et marchand de). Poullieur (fabricant). Pressoir (maître de) à manége.

Queues de billard (fabricant de) pour son compte.

Ramonage (entrepreneur de). Rampiste. Ressorts de bandages pour les hernies (fabricant de), pour son compte. Ressorts de montres et de pendules (fabricant de) pour son compte.

Sacs de toile (fabricant et marchand de). Salpêtrier. Sarreaux ou blouses (marchand de) en détail. Sculpteur en bois pour son compte. Son, recoupe et remoulage (marchand de). Sparterie (fabricant et marchand d'objets en). Sphères (fabricant de). Stucateur. Sumac (marchand de).

Tabac (marchand de) en détail dans le département de la Corse. Table d'hôte (tenant une). Tabletier (marchand). Tablétterie (fabricant d'objets en) pour son compte. Tambours, grosses caisses, tambourins (fabricant de). Tamisier (fabricant et marchand). Tan (2) marchand de). Tapissier à façon. Teinturier-dégraisseur pour les particuliers. Teinturier en peau. Tireur d'or et d'argent. Tôlier. Tourneur sur métaux. Tourteaux (marchand de) en détail. Tréfileur par les procédés ordinaires. Tuiles (marchand de).

Vannerie (marchand de) en détail. Vannier (fabricant en vannerie fine). Vérifi-

______

(1) Imposable dans le cas seulement où les bestiaux ne sont pas nourris avec les fruits de la récolte.

(2) Le fabricant de tan est porté au tableau C, à l'article *moulin*.

cateur de bâtiments. Vernisseur sur cuivre, feutre, carton et métaux. Verres bombés (marchand de). Verroterie et gobeletterie (marchand de) en détail. Vignettes et caractères à jour (marchand en boutique de). Vignettes et caractères (fabricant de) pour son compte. Vins (marchand de) en détail, donnant à boire chez lui et ne tenant pas billard. Vis (fabricant de) par procédés ordinaires, pour son compte. Vitrier en boutique. Voilier à façon. Volaille ou gibier (marchand de).

SEPTIÈME CLASSE.

Accordeur de pianos, harpes et autres instrûments. Acheveur en métaux. Acier poli (fabricant d'objets en), à façon. Alvin (marchand d'). Alléges (marchand d'). Anes (loueur d'). Apprêteur de barbes ou fanons de baleine. Apprêteur de bas et autres objets de bonneterie. Archets (fabricant d'). Armurier-rhabilleur. Armurier à façon. Arpenteur. Atelles pour colliers de bêtes de trait (fabricant et marchand d'). Avironnier.

Badigeonneur. Balancier (fabricant de), à façon. Ballons pour lampes (fabricant de), pour son compte. Bandagiste à façon. Bardeaux (fabricant de), pour son compte. Batier. Battoirs de paume (fabricant de). Baugeur. Bijoutier à façon. Bijoutier en faux (fabricant), à façon. Bimbeloterie (fabricant d'objets de), sans boutique ni magasin. Bimbelottier (marchand) en détail. Blanchisseur de chapeaux de paille. Blanchisseur de linge, ayant un établissement de buanderie. Blanchisseur de fin. Blanchisseur sur pré. Boisselier. Boites et bijoux à musique (fabricant de mécaniques pour), à façon. Bottes remontées (marchand de). Bottier et cordonnier en chambre. Boules vulnéraire dites d'acier ou de Nancy (fabricant de). Bouquetière (marchande) en boutique. Bouquiniste. Bourrelets d'enfant (fabricant et marchand de). Boursier. Boutons de soie (fabricant), pour son compte. Briquets phosphoriques et autres (marchand de). Broches pour la filature (rechargeur de). Broderies (blanchisseur et apprêteur de). Broderies (dessinateur et imprimeur de). Broderies (fabricant de), à façon. Brunisseur. Buffletier (fabricant), pour son compte. Bustes en cire pour les coiffeurs (fabricant de).

Cabinet de figures en cire (tenant un). Cabinet de lecture où l'on donne tous les journaux seulement. Cabinets particuliers de tableaux, d'objets d'histoire naturelle ou d'antiquités. Cabriolets sur place ou sous remise (loueur de), s'il n'y a qu'un cabriolet. Calandreur de vieilles étoffes. Cambreur de tiges de bottes. Camées faux ou moulés (fabricant de). Canelles et robinets en cuivre (fabricant de), à façon. Cannes (fabricant de), pour son compte. Cannetille (fabricant de). Caractères d'imprimerie (fondeur de), à façon. Caractères mobiles en bois ou en terre cuite (fabricant et marchand de). Caractères d'imprimerie (graveur en). Carcasses ou montures de parapluies (fabricant de), pour son compte. Cardeur de laine, de coton, de bourre de soie, filoselles, etc. Carreleur. Carriole (loueur de). Ceinturonnier, pour son compte. Cendres ordinaires (marchand de). Chaises (loueur de), pour un prix de ferme de 500 à 2,000 fr. Chapelets (fabricant marchand de). Charnières en fer, cuivre ou fer-blanc (fabricant de), par les procédés ordinaires, pour son compte. Chasublier à façon. Chaudronnier rhabilleur. Chaussons en lisière et autres (marchand de). Chenilles en soie (fabricant de), pour son compte. Chevaux (courtier de). Chèvres et chevreaux (marchand de). Chiffonnier en détail.

Chineur. Cirage ou encaustique (marchand fabricant de). Cloutier au marteau, pour son compte. Coiffes de femme (faiseuse et marchande de). Colle de pâte et de peau (fabricant de). Colleur de chaines pour fabrication de tissus. Coquetier, avec bêtes de somme. Cordes harmoniques (fabricant de), à façon. Cordes métalliques (fabricant de), à façon. Cordier (fabricant de menus cordages, tels que cordes, ficelles, longes, traits, etc.). Cordons en fil, soie, laine, etc. (fabricant de), pour son compte. Corroyeurs à façon. Cosmétique (marchand de). Coton cardé ou gommé (marchand de). Coupeur de poils, à façon. Courroies (apprêteur de), pour son compte. Courtier de bestiaux. Coutelier, à façon. Couturière en corsets, en robes ou en linge. Couvreur en paille ou en chaume. Crêmier ou laitier. Crépins en bois (fabricant d'articles de), pour son compte. Criblier. Cristaux (tailleur de). Crochets pour les fabriques d'étoffes (fabricant de), pour son compte. Cuivre vieux (marchand de). Cuves, foudres, barriques et tonneaux (fabricant de).

Déchets de coton (marchand de). Décrueur de fil. Dégraisseur. Denteleur de scies. Doreur sur tranches.

Ebéniste (fabricant), à façon. Ecailles d'ables ou d'ablettes (marchand d'). Echalas (marchand d'). Ecorcheur ou équarisseur d'animaux. Embouchoirs (faiseur d'). Emailleur, à façon. Enjoliveur (fabricant), pour son compte. Eperonniers, à façon. Epicier-regrattier, s'il ne vend qu'au petit poids et à la petite mesure quelques articles d'épicerie, et joint à ce commerce la vente de quelques autres objets, comme poterie de terre, charbons en détail, bois à la falourde, etc. Epinglier-grillageur. Equarisseur de bois. Equipeur-monteur. Essence d'Orient (fabricant d'). Estampeur en métaux autres que l'or et l'argent. Etriers (fabricant d'), à façon. Etrilles (fabricant d'), à façon. Eventailliste (fabricant), pour son compte. Expert pour le partage et l'estimation des propriétés.

Ferblantier en chambre. Ferrailleur. Fiacre (loueur de), s'il n'a qu'une seule voiture. Finisseur en horlogerie. Fleuriste travaillant pour le compte des marchands. Fondeur de brins de baleine. Fontaines en grès à sable (marchand de). Forces (fabricant de) à façon. Forets (fabricant de). Formier. Fouets, cravaches (fabricant ou marchand de) pour son compte. Fournier. Fourreaux pour sabres, épées, baïonnettes (fabricant pour son compte. Frangier (fabricant) pour son compte. Fretin (marchand de). Friseur de drap et autres étoffes de laine. Friteur ou friturier en boutique. Fruitier.

Gabarre (maître de) ou gabarrier. Galettes, gauffres, brioches et gâteaux (marchand de), en boutique. Galochier. Galonnier (fabricant) pour son compte. Gainier (fabricant) pour son compte. Gargottier. Gauffreur d'étoffes, de rubans, etc. Gaules et perches (marchand de). Graines fourragères, oléagineuses et autres (marchand de), en détail. Grainier ou grainetier (1). Gravatier. Graveur en caractères d'imprimerie. Graveur sur métaux, se bornant à graver des cachets ou des planches pour factures, et autres objets dits de ville. Grueur. Guêtrier. Guillocheur. Guimpier.

_____

(1) Est considéré comme grainier le marchand d'avoines et de haricots en détail, ord., 22 février 1838 (Ministre des finances, C. Gresillé) ; ainsi que le marchand de son, de fèves et d'avoine. Ord., 22 février 1838 (Gauthier).

Hâlage (loueur de chevaux pour le). Hameçons (fabricant de). Herboriste : ne vendant que des plantes médicinales fraîches ou sèches. Hongreur. Horlogerie (fabricant de pièces d') à façon. Horloger repasseur. Horloger rhabilleur (non marchand). Horloges en bois (fabricant ou marchand d').

Imprimeur en taille-douce pour objets dits de ville. Imprimeur-lithographe non éditeur) Imprimeur sur porcelaine, faïence, verre, cristaux, émail, etc. Ivoire (fabricant d'objets en) à façon.

Joaillier à façon.

Lait d'ânesse (marchand de). Lamier rotier pour son compte. Lapidaire à façon. Layettes d'enfants (marchand de). Légumes secs (marchand de) en détail. Lie de vin (marchand de). Lin (fabricant de) (1). Linge (marchand de vieux). Liqueurs et eau-de-vie (débitant de). Logeur. Loueur de livres. Lunettes (fabricant de verres de). Luthier (fabricant) à façon.

Marbreur sur tranches. Marchande à la toilette. Maroquinier (à façon). Mégissier (à façon). Mesures linéaires et règles et équerres (fabricant de) pour son compte. Métiers à bas (forgeur de) à façon. Metteur en œuvre (à façon). Monteur en bronze. Moulures (fabricant de) à façon. Moutardier (marchand) en détail. Muletier.

Nacre de perle (fabricant d'objets en) à façon. Navetier (fabricant).

Oiselier. Orfèvre (à façon). Orge (exploitant un moulin à perler l'). Orgues portatives (facteur d') à façon. Ouate (fabricant et marchand d'). Outres (fabricant d') à façon. Ovaliste.

Paille (fabricant de tissus pour chapeaux de) à façon. Paille (fabricant de tresses, cordonnets, etc., en). Paille teinte (fabricant et marchand de). Pain (marchand de) en boutique. Papier de fantaisie (fabricant de) à façon. Passementier fabricant pour son compte. Patachier. Pâtissier-brioleur. Pêche (adjudicataire ou fermier de) pour un prix de ferme de 500 à 2,000 francs. Pédicure. Peigneur de chanvre, de lin ou de laine. Peintre en armoiries, attributs et décors. Peintre ou doreur, soit sur verre ou cristal, soit sur porcelaine, etc., pour son compte. Perruquier. Pierre de touche (marchand de). Piquonnier. Planches ou ifs à bouteilles (fabricant de). Planeur en métaux. Plaqueur. Plumeaux (marchand-fabricant de) pour son compte. Poires à poudre (fabricant de) pour son compte. Poisson (marchand en détail de). Pompes de bois (fabricant de). Poterie de terre (marchand de). Présurier.

Queues de billard (fabricant de) à façon.

Raquette (fabricant de) pour son compte. Regrattier. Relieur de livres. Rentrayeur de couvertures de laine et de coton. Ressorts de bandages pour les hernies (fabricant de) à façon. Ressorts de montres et de pendules (fabricant de) à façon. Revendeuse à la toilette pour son compte. Roseaux (marchand de). Rouettes ou harts pour lier les trains de bois (marchand de). Ruches pour abeilles (fabricant de) pour son compte.

Scieur de long. Sculpteur en bois à façon. Seaux ou baquets en sapin (fabricant de) pour son compte. Sel (marchand de) en détail. Sellier à façon). Socques (fabricant et marchand de) en bois. Soufflets ordinaires (fabricant et marchand de).

____

(1) Son industrie consiste à rouir et à battre le lin, qu'il ne vend ensuite que par bottes.

Tableaux (restaurateur de). Tabletterie (fabricant d'objets en) à façon. Tailleur d'habits à façon. Toiles grasses (fabricant de) pour emballage. Toiles métalliques (fabricant de) à façon. Toiseur de bâtiments. Toiseur de bois. Tondeur de draps et autres étoffes de laine. Tonneaux (marchand de). Tonnelier. Torcher. Tourneur en bois (marchand), vendant en boutique divers objets en bois faits au tour. Treillageur. Tripier.

Ustensiles de ménage (marchand de vieux).

Vaisselle et ustensiles de bois (fabricant et marchand de).

HUITIÈME CLASSE.

Accoutreur. Affiloirs (marchand d'). Agraffes (fabricant d'), par procédés ordinaires, à façon. Aiguilles à coudre ou à faire des bas (fabricant de), par procédés ordinaires, à façon. Aiguilles pour les métiers à faire des bas (monteur d'). Aiguilles, dés et autres petits objets pour montres et pendules (fabricant d') à façon. Allumettes et amadou (fabricant et marchand d'). Appeaux pour la chasse (fabricant d'). Apprêteur de chapeaux de feutre. Appropriateur de chapeaux. Arçonneur. Artiste en cheveux. Assembleur.

Balais de bouleaux, de bruyère et de grand millet (marchand de), avec voitures ou bêtes de somme. Ballons pour lampes (fabricant de) à façon. Barbier. Bardeaux (fabricant de), à façon. Batelier. Bâtonnier. Baudetier. Blanchisseur de linge, sans établissement de buanderie. Bobines pour les manufactures (fabricant de). Bois à brûler (marchand de), qui vend à la falourde, au fagot et au cotret. Bois de galoches et de soques (faiseur de). Boisselier (fabricant) à façon. Bouchons de flacons (ajusteur de). Bouclerie (fabricant de) à façon. Boutons de métal, corne, cuir bouilli (fabricant de) à façon. Boutons de soie (fabricant de) à façon. Bretelles et jarretières (fabricant de) à façon. Brioleur avec bêtes de somme. Briquetier à façon. Brocanteur d'habits sans boutique. Broches et cannelets pour la filature (fabricant de) à façon. Brosses (fabricant de bois pour). Brossier (fabricant à façon). Bûches et briquettes factices (marchand de). Buffletier (fabricant) à façon.

Cabas (faiseur de). Cadrans de montres et de pendules (fabricant de) à façon. Café tout préparé (débitant de). Cafetières du Levant ou marabouts (fabricant de) à façon. Cages, souricières et tournettes (fabricant de). Canevas (dessinateur de). Cannes (fabricant de) à façon. Caparaçonnier à façon. Carcasses ou montures de parapluies (fabricant de) à façon. Carcasses pour modes (fabricant de). Cardes (fabricant de) à façon, par les procédés ordinaires. Carrés de montre (fabricant de) à façon. Cartons pour les bureaux et autres (fabricant de) à façon. Casquettes (fabricant de) à façon. Castine (marchand de). Ceinturonnier à façon. Cerclier. Chaises communes (fabricant et marchand de). Chaises (loueur de) pour un prix de ferme au-dessous de 500 francs. Chamoiseur à façon. Chandeliers de fer ou en cuivre (fabricant de) à façon. Chapeaux (marchand de vieux) en boutique ou en magasin. Charbon de bois (marchand de) en détail. Charbon de terre épuré ou non (marchand de) en détail. Charbonnier voiturier. Charnières en fer, cuivre ou ferblanc (fabricant de), par procédés ordinaires, à façon. Charrettes (loueur de). Châsses de lunettes (fabricant de) à façon. Chaussons en lisière (fabricant de). Chenille en soie (fabricant de) à façon. Chevilleur. Clinquant (fabricant) de à façon. Cloutier au marteau à façon. Colleur de papiers peints. Cols (fabricant de) à façon. Cordes à puits et liens d'écorces (fabricant de) Cordons en fil, soie, laine, etc. (fabricant de), à façon. Corne (apprêteur de) à façon. Corne (fabricant de feuilles transparentes de) à façon. Cotrets (débitant de). Couverts et autres objets en fer battu ou étamé (fabricant de) à façon. Courroies (apprêteur de) à façon. Crépin en buis (fabricant d'articles de) à façon. Crin (apprêteur, crépeur ou friseur de) à façon. Crinières (fabricant de) à façon. Crochets pour les fabriques d'étoffes (fabricant de) à façon. Cuillers d'étain (fondeur ambulant de).

Découpeur d'étoffes ou de papiers. Découpoirs (fabricant de) à façon. Décrotteur en boutique. Dés à coudre, en métal autre que d'or et d'argent (fabricant de), à façon.

Écrans (fabricant d') à façon. Élastiques pour bretelles, jarretières, etc. (fabricant d'). Émeri et rouge à polir (marchand d'). Enjoliveur (fabricant) à façon. Étameur ambulant d'ustensiles de cuisine. Étoupes (marchand d'). Éventailliste (fabricant) à façon.

Fagots et bourrées (marchand de) en détail, vendant au fagot. Fanes (marchand de). Falourdes (dépôt de). Feuilles de blé de Turquie (marchand de). Figures en cire (mouleur de) à façon. Filasse de nerfs (fabrique de) à façon. Formaire pour la fabrication du papier à façon. Fouets et cravaches (fabricant de) à façon. Fourreaux pour sabres, épées, baïonnettes (fabrique de), à façon. Frangier à façon. Frappeur de gaze. Fuseaux (fabricant de).

Gaînier à façon. Galonnier à façon. Garnisseur d'étuis pour instruments de musique. Garnitures de parapluies et cannes, telles que bouts, anneaux, cannes, manches, etc. (fabrique de). Gibernes (fabricant de) à façon. Graveur de musique. Graveur sur bois.

Harmonicas (facteur d').

Lamier-rotier à façon. Langueyeur de porcs. Limailles (marchand de). Limes (tailleur de). Livrets (fabricant de) pour les batteurs d'or ou d'argent. Loueur en garni s'il ne loue qu'une chambre).

Marrons (marchand de) en détail. Matelassier. Mèches et veilleuses (marchand et fabricant de). Mesures linéaires, règles et équerres (fabricant de) à façon. Modiste à façon. Moireur d'étoffes à façon. Moules de boutons (fabricant de).

Nattier. Nécessaires (fabricant de) à façon. Nerfs (facteur de).

OEillets métalliques (fabricant d'). Oribus (faiseur et marchand d'). Os (fabricant d'objets en) à façon. Osier (marchand d'). Ourdisseur de fils.

Paillassons (fabricant de). Paillettes et paillons (fabricant de) à façon. Papiers verrés ou émerisés (fabricant de). Parcheminier à façon. Passementier (fabricant) à façon. Pâte de rose (fabricant de bijoux en). Pêche (adjudicataire ou fermier de) pour un prix de fermage au-dessous de 500 francs. Peignes en cannes ou roseaux pour le tissage (fabricant et marchand de). Peignes d'écaille (fabricant de) à façon. Peignes à sérancer (fabricant de) à façon. Peintre ou doreur, soit sur verre ou cristal, soit sur porcelaine, etc., à façon. Pelles de bois (fabricant et marchand de). Perceur de perles. Perles fausses (fabricant de) à façon. Pinceaux (fabricant de) à façon. Piqueur de cartes à dentelles. Piqueur de grès. Plieur de fils de soie à façon.

Plumassier à façon. Plumeaux (fabricant de) à façon. Plumes à écrire (apprêteur de). Poires à poudre (fabricant de) à façon. Pois d'iris (fabricant de). Portefeuilles (fabricant de) à façon. Porteur d'eau filtrée ou non filtrée, avec cheval et voiture. Potier de terre ayant moins de cinq ouvriers. Pressoir (maître de) à bras. Puits (maître cureur de).

Raquettes (fabricant de) à façon. Régleur de papiers. Remouleur ou repasseur de couteaux. Reperceur. Rogneur de peaux. Rouleaux (tourneur de) pour la filature. Ruches pour les abeilles (fabricant de) à façon.

Sable (marchand de). Sabotier (fabricant). Sabots (marchands de) en détail. Seaux ou baquets en sapin (fabricant de) à façon. Souliers vieux (marchand de).

Tisserand. Têtes en carton servant aux marchandes de modes (fabricant de) Tourbes (marchand de) en détail Tourneur en bois (fabricant) sans boutique.

Vannier (fabricant de vannerie commune). Vignettes et caractères à jour (fabricant de) à façon. Vis (fabricant de) par procédés ordinaires à façon. Voiturier.

TABLEAU B.

Professions imposées eu égard à la population, d'après un tarif exceptionnel.

Agent de change à Paris, 1,000 fr.; dans les villes de 100,000 ames et au-dessus, 250 fr.; de 50,000 à 100,000, 200 fr.; de 50,000 à 50,000 et dans les villes de 15,000 à 50,000 ames qui ont un entrepôt réel, 150 fr.; dans les villes de 15,000 à 50,000 ames, et dans les villes d'une population inférieure à 15,000 ames qui ont un entrepôt réel, 100 fr.; dans toutes les autres communes, 75 fr.

Banquier (1) à Paris, 1,000 fr.; dans les villes d'une population de 50,000 ames et au-dessus, 500 fr.; dans les villes de 50,000 à 50,000 et dans celles de 15,000 à 50,000 qui ont un entrepôt réel, 400 fr.; dans les villes de 15,000 à 50,000, dans les villes d'une population inférieure à 15,000 ames qui ont un entrepôt réel, 500 fr.; dans toutes les autres communes, 200 fr.

Commissionnaire en marchandises à Paris, 400 fr.; dans les villes d'une population de 50,000 ames et au-dessus, 500 fr.; dans les villes de 50,000 à 50,000 ames et dans celles de 15,000 à 50,000 ames qui ont un entrepôt réel, 200 fr.; dans les villes de 15,000 à 50,000 ames et dans les villes d'une population inférieure à 15,000 ames qui ont un entrepôt réel, 150 fr.; dans toutes les autres communes, 75 fr. — Commissionnaire entrepositaire, commissionnaire de transports par terre et par eau (2), courtier d'assurances, courtier de navires, courtier

____

(1) La commission de la Chambre des Députés a déclaré, — Séance du 28 février 1844 (*Moniteur*, p. 448) — qu'elle entendait maintenir la jurisprudence et considérer comme banquier celui qui cumule diverses opérations, telles que le crédit commercial, les acceptations, le change, les traites et remises de place en place. L'escompteur, au contraire, est celui qui se borne à faire le papier dans la place où il réside. — Ord., 14 janvier 1824 (Faure). — 19 juin 1828 (Taudière). — 8 avril 1831 (Arnould-Sénard). — Peu importe, toutefois, que la maison de banque soit gérée par une personne qui exerce un autre commerce; il n'y a pas moins lieu de l'imposer à la patente de banquier. — Ord., 14 janvier 1824 (Faure). — A moins que les opérations de banque ne soient l'accessoire des affaires de commerce. — Ord., 20 mars 1838 (Farcis frères).

(2) Le commissionnaire de transports par terre et par eau est celui qui, à la différence de l'entre-

de marchandises : à Paris, 250 fr.; dans les villes de 50,000 ames et au-dessus, 200 fr.; dans les villes de 50,000 à 50,000 ames et dans celles de 15,000 à 50,000 ames qui ont un entrepôt réel, 150 fr.; dans les villes de 15,000 à 50,000 ames et dans les villes d'une population inférieure à 15,000 ames qui ont un entrepôt réel, 100 fr.; dans toutes les autres communes, 50 fr.

Entrepreneur d'éclairage à l'huile, à Paris : 500 fr.; dans les villes de 50,000 ames et au-dessus, 150 fr.; dans les villes de 50,000 à 50,000 ames, 100 fr.; dans les villes de 15,000 à 50,000, 50 fr.; dans toutes les autres communes, 25 fr.

Facteurs aux halles de Paris, pour les farines, le beurre, les œufs, les fromages et le poisson salé, 150 fr.; pour les grains, graines et grenailles, la marée, les huîtres et les cuirs, 100 fr.; pour le poisson d'eau douce, la volaille, le gibier, les agneaux, cochons de lait, veaux de rivière et de pré-salé, les veaux, les charbons de bois arrivés par eau, les draps, les toiles, les fourrages, 75 fr. — Pour le charbon de bois arrivé par terre ou pour le charbon de terre, 50 fr.; pour les fruits et les légumes, 25 fr.

Gaz pour l'éclairage (fabrique de), pour les fabriques qui fournissent l'éclairage de tout ou partie de la ville de Paris, 600 fr.; des villes de 50,000 ames et au-dessus, 400 fr.; des villes de 50,000 ames et au-dessus, 200 fr.; des villes de 15,000 à 50,000 ames, 150 fr.; des villes au-dessous de 15,000 ames, 75 fr.

Inhumation et pompes funèbres de Paris (entreprise des), 1,000 fr.

Monnaies (directeur des), à Paris, 1,000 fr.; dans toutes les autres villes, 500 fr.

Négociant (1) à Paris, 400 fr.; dans les villes de 50,000 ames et au-dessus, 300 fr.; dans les villes de 50,000 à 50,000 ames et dans celles de 15,000 à 50,000 ames qui ont un entrepôt réel, 200 fr.; dans les villes de 15,000 à 50,000 ames et dans les villes d'une population inférieure à 15,000 ames qui ont un entrepôt réel, 150 fr.; dans toutes les autres communes, 100 fr.

Pont (concessionnaire ou fermier de péage sur un) dans l'intérieur de Paris, 200 fr.; dans l'intérieur d'une ville de 50,000 ames et au-dessus, 100 fr.; dans l'intérieur d'une ville de 20 à 50,000 ames, 75 fr.; dans les autres communes d'une population inférieure à 20,000 ames, lorsque le pont réunit deux parties d'une route royale, 75 fr.; d'une route départementale, 50 fr.; d'un chemin vicinal de grande communication, 25 fr.; d'un chemin vicinal, 15 fr.

Roulage (entrepreneur de), à Paris, 500 fr.; dans les villes de 50,000 ames et au-dessus, 200 fr.; dans les villes de 50,000 à 50.000 ames et dans celles de 15,000 à 50,000 ames qui ont un entrepôt réel, 150 fr.; dans les villes de 15,000 à 50,000 ames et dans les villes d'une population inférieure à 15,000 ames qui ont un entrepôt réel, 100 fr.; dans toutes les autres communes, 75 fr..

preneur de roulage, ne fait pas par lui-même les transports, mais qui est l'intermédiaire entre les personnes qui ont des transports à effectuer et les entrepreneurs de roulage, ou les propriétaires de bateaux, — Paroles de M. Ternaux, Chambre des Députés, séance du 28 février 1844 (*Moniteur*, p. 449).

(1) Une décision du ministre des finances, du 50 septembre 1817, rendue sur l'avis conforme du comité des finances du Conseil d'État, définit le négociant un commerçant dont les spéculations em-

TABLEAU C.

Professions imposées sans égard à la population.

PREMIÈRE PARTIE.

Droit proportionnel au 15e.

Armateur pour le long cours, 40 centimes par chaque tonneau, jusqu'au maximum de 400 fr. — Armateurs pour le grand et le petit cabotage, la pêche de la baleine et celle de la morue, 25 cent. par chaque tonneau, jusqu'au maximum de 400 fr. (1) Assurances non mutuelles, dont les opérations s'étendent à plus de vingt départements, 1,000 fr., de six à vingt départements, 500 fr.; à moins de six départements, 500 fr. (2).

Banque (3) de France, y compris ses comptoirs, 10,000 fr. — Banque dans les départements, ayant un capital de 2 millions et au-dessous, 1,000 fr., par chaque million de capital en sus, 200 fr., jusqu'au maximum de 2,000 fr. Bateaux et paquebots à vapeur pour le transport des voyageurs (entreprise de), pour voyage de long cours, 500 fr., sur fleuves, rivières et le long des côtes, 200 fr. Bateaux et paquebots à vapeur pour le transport des marchandises (entreprise de), 200 fr. Bateaux à vapeur remorqueurs (entreprise de), 150 fr.

Canaux navigables avec péage (concessionnaire de), 200 fr., plus 20 fr. par my-

brassent indistinctement l'achat et la vente en gros de tous genres de marchandises, ou dont le commerce réunit, à l'achat et à la vente, des opérations de banque, lorsque ces opérations n'ont pas assez d'étendue et d'importance pour faire classer leurs auteurs parmi les banquiers.

(1) Est considéré comme armateur le propriétaire de navires qui fait le cabotage, alors même qu'il y a un négociant qui charge le navire et qui est patenté. — Ord., 4 juillet 1858 (Garcin). — Les voyages au *long cours* sont ceux qui se font aux Indes-Orientales et Occidentales, à la mer Pacifique, au Canada, à Terre-Neuve, au Groënland et aux autres côtes et îles de l'Amérique méridionale et septentrionale; aux Açores, aux Canaries, à Madère et dans toutes les îles et pays situés sur l'Océan, au-delà des détroits de Gibraltar et du Sund (a. 577, C. com.). — Le *grand cabotage* est : sur l'Océan, la navigation aux îles d'Angleterre, Écosse, Irlande, Danemarck, Hambourg ou autres îles et terres en-deçà du Sund, et celle d'Espagne, du Portugal, et autres terres en-deçà du détroit de Gibraltar; sur la Méditerranée, la navigation sur toutes les côtes qui ne sont pas comprises dans les limites du petit cabotage. — Le *petit cabotage* est, sur la Méditerranée, la navigation qui se fait depuis et compris les ports de Naples, à l'est, et Malaga, à l'ouest, etc., jusqu'au cap de Creus, aux confins du Petit-Roussillon; le voyage de Corse, Sardaigne et îles Baléares, et depuis Bayonne jusqu'à Dunkerque; depuis l'Angleterre, la Belgique, Saint-Sébastien et la Corogne, en Espagne. — Ord. du 18 octobre 1740. — Act. du 14 ventôse an II, et ord. du 12 février 1815.

(2) Les assurances mutuelles régulièrement autorisées sont exemptes de la patente par l'art. 15. — Sous la loi de brumaire, il était incertain si les compagnies terrestres devaient être soumises à la patente. Une décision du ministre des finances, 50 novembre 1819, paraissait décider qu'elles n'y étaient pas sujettes. — En ce sens, Grün et Soliat, n° 48, D. A. 9. 481, n° 7. — *Contrà*, E. Persil, n° 12. La loi nouvelle tranche la difficulté en soumettant à la patente toutes les compagnies d'assurances *non mutuelles*.

(3) La loi de brumaire an VII ne distinguait pas la Banque de France des maisons de banque ordinaires. Cet établissement n'était soumis, en conséquence, qu'à la patente de 500 francs.

riamètre complet en sus du premier, jusqu'au maximum de 1,000 fr. Coches d'eau (entreprise de), 100 fr. Défrichement ou desséchement (compagnie de), 500 fr.

Fournisseurs généraux d'objets concernant l'habillement, l'armement, la remonte, le harnachement et l'équipement des troupes, etc., 1,000 fr. De subsistances aux armées, 1,000 fr. De bois et lumière aux troupes, 1,000 fr. Fournisseurs des objets ci-dessus indiqués par division militaire, 150 fr. Fournisseurs de fourrages aux troupes dans les garnisons, 100 fr. Fournisseurs de vivres et fourrages dans un gîte d'étape, 25 fr.

Fournisseurs de bois et de lumière aux troupes dans les garnisons, 25 fr.

Magasins de plusieurs espèces de marchandises (tenant un), lorsqu'il occupe habituellement au moins 25 personnes préposées à la vente, 1,000 fr. Marchand forain, avec voiture à un seul collier, 60 fr.; à deux colliers, 120 fr.; à trois colliers et au-dessus, ou ayant plus d'une voiture, 200 fr.; avec bêtes de somme, 40 fr.; avec balle, 15 fr. Les droits ci-dessus sont réduits de moitié lorsque le marchand forain ne vend que de la boissellerie, de la poterie, de la vannerie ou des balais.

Tontine (société de), 500 fr.

DEUXIÈME PARTIE.

Droit proportionnel, au 20e : 1o sur la maison d'habitation; 2o sur les magasins de vente complètement séparés de l'établissement; au 25e : sur l'établissement industriel.

Aiguilles à coudre ou à faire des bas par procédés ordinaires (fabricant d') pour son compte, 25 fr. Amidon (fabrique d'), ayant dix ouvriers et au-dessous, 25 fr., et 5 fr. par chaque ouvrier en sus, jusqu'au maximum de 200 fr. Ardoisière (exploitant d'), ayant dix ouvriers et au-dessous, 25 fr., et 5 fr. par chaque ouvrier en sus, jusqu'au maximum de 400 fr.

Blanc de balcine (raffinerie de), ayant cinq ouvriers et au-dessous, 25 fr., et 5 fr. par chaque ouvrier en sus, jusqu'au maximum de 200 fr. Bougies, cierges, etc. (fabrique de), ayant cinq ouvriers et au-dessous, 25 fr., et 5 fr. par chaque ouvrier en sus, jusqu'au maximum de 500 fr. Brais, goudrons, poix résines et autres matières analogues (fabrique de), 25 fr. Briques (fabricant de), ayant cinq ouvriers et au-dessous, 15 fr., et 2 fr. par chaque ouvrier en sus, jusqu'au maximum de 100 fr.

Café de chicorée (fabrique de), 50 fr. Capsules ou amorces de chasse (fabricant de), 50 fr. Cendres gravelées (fabrique de), 25 fr. Chandelles (fabrique de), ayant cinq ouvriers et au-dessous, 10 fr., et 5 fr. par chaque ouvrier en sus, jusqu'au maximum de 100 fr. Chaux naturelle (fabrique de), pour un four 15 fr.; pour deux, 50 fr.; et pour trois fours et au-dessus, 50 fr. Chaux artificielle (fabrique de), pour un four, 20 fr., pour deux, 50 fr.; et pour trois fours et au-dessus, 80 fr. Cire (blanchisserie de), ayant cinq ouvriers et au-dessous, 25 fr.; et 5 fr. par chaque ouvrier en sus, jusqu'au maximum de 200 fr. Colle-forte (fabrique de), ayant cinq ouvriers et au-dessous, 25 fr.; et 5 fr. par chaque ouvrier en sus, jusqu'au maximum de 100 fr. Crayons (fabrique de), ayant cinq ouvriers et au-dessous, 25 fr.; et 5 fr. par chaque ouvrier en sus, jusqu'au maximum de 500 fr. Creusets (fabrique de), 25 fr.

Encre d'impression (fabricant d'), ayant cinq ouvriers et au-dessous, 25 fr.; et 5 fr. par chaque ouvrier en sus, jusqu'au maximum de 200 fr. Engrais (marchand d'), 25 fr. Esprit ou eau-de-vie de vin (fabrique d'), 50 fr. Esprit ou eau-de-vie de mare de raisin, cidre, poiré, fécules et autres substances analogues (fabrique d'), 25 fr. Étain (fabrique d') pour glacès, ayant dix ouvriers et au-dessous, 50 fr.; et 5 fr. par chaque ouvrier en sus, jusqu'au maximum de 500 fr.

Fécules de pommes de terre (fabrique de), ayant dix ouvriers et au-dessous, 25 fr.; et 5 fr. par chaque ouvrier, jusqu'au maximum de 200 fr. Fontainier, fondeur et foreur de puits artésiens, 50 fr. Formes à sucre (fabrique de), 25 fr. pour cinq ouvriers et au-dessous, et 5 fr. par chaque ouvrier en sus, jusqu'au maximum de 100 fr.

Gélatine (fabrique de), ayant cinq ouvriers et au-dessous, 25 fr., et 5 fr. par chaque ouvrier, jusqu'au maximum de 200 fr. Glacières (maître de), 50 fr.

Mastics et ciments (fabrique de), 50 fr.

Noir animal (fabrique de), 50 fr.

Pâte alimentaire (fabrique de), ayant cinq ouvriers et au-dessous, 25 fr., et 5 fr. par chaque ouvrier, jusqu'au maximum de 200 fr. Pierres à feu (fabricant, expéditeur de), 25 fr. Pipes (fabrique de), 25 fr. par four, jusqu'au maximum de 150 fr. Plâtre (fabrique de), pour un four, 15 fr.; pour deux fours, 50 fr.; pour trois fours et au-dessus, 50 fr. Pointes (fabrique de) par procédés ordinaires, ayant dix ouvriers et au-dessous, 25 fr.; plus, 5 fr. par chaque ouvrier en sus, jusqu'au maximum de 500 fr. Poterie (fabrique de), 5 fr. par chaque ouvrier, jusqu'au maximum de 500 fr.

Réglisse (fabrique de), ayant cinq ouvriers et au-dessous, 25 fr., et 5 fr. par chaque ouvrier en sus, jusqu'au maximum de 200 fr.

Savon (fabrique de), 50 fr. pour une ou plusieurs chaudières ayant une capacité minimum de 50 hectolitres; 1 fr. en plus par chaque hectolitre excédant le chiffre de 50, jusqu'au maximum de 400 fr. Sel (raffinerie de), 100 fr. Suif (fondeur de), ayant cinq ouvriers et au-dessous, 10 fr., et 5 fr. par chaque ouvrier en sus, jusqu'au maximum de 100 fr.

Taffetas gommés ou cirés (fabricant de), 50 fr. Tapis peints ou vernis (fabricant de), 50 fr. Toiles cirées ou vernies (fabricant de), 50 fr. Tourbes carbonisées (fabrique de), 25 fr. Tuiles (fabrique de), ayant cinq ouvriers et au-dessous, 15 fr., et 2 fr. par chaque ouvrier en sus, jusqu'au maximum de 100 fr.

TROISIÈME PARTIE.

Droit proportionnel, au 20ᵉ 1º sur la maison d'habitation, 2º sur les magasins de vente complétement séparés de l'établissement; au 40ᵉ : sur l'établissement industriel.

Acier fondu ou acier de cémentation (fabrique de), ayant trois ouvriers et au-dessous, 15 fr., et 5 fr. par chaque ouvrier en sus, jusqu'au maximum de 500 fr. (Ce droit sera réduit de moitié pour les fabriques qui sont forcées de chômer, par crue ou par manque d'eau, pendant une partie de l'année équivalente au moins à quatre mois). Acier naturel (fabrique d') imposable comme les forges et hauts fourneaux. Agraffes (fabrique d') par procédés mécaniques, 50 fr. Aiguilles à coudre ou à tricoter, ou pour métiers à faire des bas par procédés mécaniques (manufacture d'), ayant cinq ouvriers et au-dessous, 25 fr.; plus, 5 fr. par chaque ouvrier en sus, jusqu'au maximum de 500 fr. Armes blanches (fabrique d'), 100 fr. Armes (manufacture d') de guerre, 400 fr.

Biscuit de mer (fabrique de), 50 fr. Blanchisserie de toiles et fils pour le commerce, par procédés mécaniques, ayant cinq ouvriers et au-dessous, 25 fr. et 5 fr. par chaque ouvrier en sus, jusqu'au maximum de 500 fr. Boccard, patouillet ou lavoir de minerais, pour chaque usine, 15 fr., jusqu'au maximum de 100 fr. (Ce droit sera réduit de moitié pour les boccards, patouillets ou lavoirs qui sont forcés de chômer par crue ou par manque d'eau, pendant une partie de l'année équivalente au moins à quatre mois.) Brasserie, pour chaque chaudière contenant moins de 10 hectolitres, 10 fr.; pour chaque chaudière de 10 à 20 hectolitres, 20 fr.; pour chaque chaudière de 20 à 30 hectolitres, 30 fr.; pour chaque chaudière de 30 à 40 hectolitres, 40 fr.; pour chaque chaudière de 40 à 60 hectolitres, 60 fr.; pour chaque chaudière au-dessus de 60 hectolitres, 100 fr., jusqu'au maximum de 400 fr. (Ce droit sera réduit de moitié pour les brasseries qui ne brassent que quatre fois au plus par an.)

Cartonnage (fabrique de), 50 fr. par cuve, jusqu'au maximum de 150 fr. (Ce droit sera réduit de moitié pour les fabriques qui sont forcées de chômer, par manque ou par crue d'eau, pendant une partie de l'annnée équivalente au moins à quatre mois). Chaudronnerie pour les appareils à vapeur, à distiller, à concentrer, etc. (fabrique de), 200 fr. Chemin de fer avec péage (concessionnaire de), 200 fr. Plus 20 fr. par myriamètre en sus du premier, jusqu'au maximum de 1,000 fr. Clous et pointes (fabrique de), par procédés mécaniques, pour dix métiers et au-dessous 50 fr., plus 5 fr. pour chaque métier en sus de dix, jusqu'au maximum de 400 fr. Convois militaires (entreprise générale des), 1,000 fr. Convois militaires (entreprise particulière des), pour une division militaire, 100 fr. Convois militaires (entreprise particulière pour gîtes d'étapes), 25 fr. Cocons (filerie de), 1 fr. 50 c. par bassine ou tour, jusqu'au maximum de 400 fr. Cristaux (manufacture de), 300 fr.

Diligences partant à jours et heures fixes (entrepreneur de), parcourant une distance de deux myriamètres et au-dessus, 25 fr. Pour chaque myriamètre complet en sus des deux premiers, 5 fr., jusqu'au maximum de 1,000 fr.

Eau minérales et thermales (exploitation d'), 150 fr. Enclumes, essieux et gros étaux (manufacture d'), par feu 25 fr., jusqu'au maximum de 150 fr. Épingles (manufacture d'), par procédés mécaniques, ayant dix ouvriers et au-dessous, 25 fr., plus 5 fr. par chaque ouvrier en sus, jusqu'au maximum de 500 fr.

Faïence (manufacture de), par four, 25 fr., jusqu'au maximum de 150 fr. Faux et faucilles (fabrique de), dix ouvriers et au-dessous, 25 fr.; et 5 fr. par chaque ouvrier en sus de ce nombre, jusqu'au maximum de 500 fr. Fer-blanc (fabrique de), jusqu'à vingt ouvriers, 100 fr.; plus 5 fr. par chaque ouvrier en sus, jusqu'au maximum de 400 fr. Ferronnerie, serrurerie et clous forgés (fabricant de), ayant dix ouvriers et au-dessous, 25 fr.; et 5 fr. par chaque ouvrier en sus, jusqu'au maximum de 500 fr. Forges et hauts-fourneaux (maître de), ayant au moins trois hauts-fourneaux au coke, 500 fr.; plusieurs hauts-fourneaux au coke, avec fonderies, forges et laminoirs, 500 fr.; deux hauts-fourneaux au coke, 400 fr.; un haut fourneau au coke, avec forges et laminoirs, 400 fr.; un haut-fourneau au coke, avec une fonderie, 500 fr.; un haut-fourneau au coke, 250 fr.; trois hauts-fourneaux au bois et plus, 400 fr.; un établissement ou un ensemble d'établissement, réunissant à plus de quatre feux d'affinerie ou quatre fours à pudler, une fabrication de tôle, ou deux autres systèmes au moins de sous-fabrication de métaux, soit fonderie, tréfilerie, ferblanterie, métiers à clous à pointe, 400 fr.; un haut fourneau au bois, avec plusieurs forges, ou deux hauts-fourneaux au bois, avec une seule forge, 500 fr.; plus de deux hauts-fourneaux au bois, avec une ou plusieurs forges, 400 fr.; deux hauts-fourneaux au bois, 250 fr.; un haut-fourneau au bois, avec une fonderie, 250 fr.; un haut-fourneau au bois, avec une fonderie, 200 fr.; une ou plusieurs forges, avec laminoirs, tréfilerie, et tout autre système de sous-fabrication métallurgique, 200 fr.; un haut-fourneau au bois, 150 fr.; une forge à trois marteaux et plus, 100 fr.; trois forges à la catalane et plus, 100 fr.; une forge où l'action des marteaux est remplacée par celle d'un laminoir cingleur, 100 fr.; une forge à deux marteaux, 50 fr.; deux forges à la catalane, 50 fr.; une forge à un seul marteau, 25 fr.; une forge dite catalane, 25 fr. (Ces droits seront réduits de moitié pour les forges dites catalanes et pour les forges à un ou deux marteaux, lorsqu'elles seront forcées, par manque ou par crue d'eau, de chômer pendant une partie de l'année équivalente au moins à quatre mois). Fonderie de cuivre (entrepreneur de), ayant plusieurs laminoirs, 500 fr.; un laminoir ou plusieurs martinets, 200 fr., se bornant à convertir le cuivre rouge en cuivre jaune, 100 fr. Fonderie de cuivre et bronze (entrepreneur de), fondant des objets de grande dimension, tels que cylindres ou rouleaux d'impression pour les manufactures, ou grandes pièces de mécanique, etc., 200 fr.; ne fondant que des objets d'art ou d'ornementation, ou des pièces de mécanique de petite dimension, 100 fr.; ne fondant que des objets d'un usage commun et de petite dimension, comme robinets, clochettes, anneaux, etc., 50 fr. Fonderie en fer de seconde fusion (entrepreneur de), fabriquant des objets de grande dimension, tels que cylindres, grilles, colonnes, pilastres, bornes et grandes pièces de mécanique, etc., 200 fr.; ne fabriquant que des objets de petite dimension pour l'ornementation, ou de petites pièces de mécanique, etc., 100 fr.

Glaces (manufacture de), 400 fr. Gobeletterie (manufacture de), 50 fr. par four de fusion, jusqu'au maximum de 500 fr.

Huitres (marchand expéditeur d'), avec voitures servies par des relais, 100 fr. Kaolin (exploitant une usine à pulvériser le), par chaque usine, 15 fr., jusqu'au maximum de 100 fr. (Ce droit sera réduit de moitié pour les usines qui sont forcées, par manque ou par crue d'eau, de chômer pendant une partie de l'année équivalente au moins à quatre mois.)

Laminerie (entrepreneur de), ayant trois paires de cylindres et au-dessus, 500 fr.; ayant deux paires de cylindres de grande dimension, 250 fr.; ayant une seule paire de cylindres de grande dimension, ou deux paires de cylindres de petite dimension, au-dessous d'un mètre de longueur, 200 fr.; ayant une seule paire de cylindres de petite dimension , au-dessous d'un mètre de longueur, 100 fr. Lamier-rotier, par procédés mécaniques, 50 fr. Limes (fabrique de), ayant dix ouvriers et au-dessous, 25 fr. ; 5 fr. pour chaque ouvrier en sus, jusqu'au maximum de 500 fr. Lits militaires (entreprise générale des), 1,000 fr.

Mareyeur, expéditeur avec voitures servies par des relais, 100 fr. Maison particulière de santé (tenant une), 100 fr. Maroquin (fabrique de), avec machine à vapeur ou moteur hydrolique, 100 fr. Martinets, par arbre de camage, 15 fr., jusqu'au maximum de 200 fr. (Ce droit sera réduit de moitié pour les fabriques qui sont forcées, par manque ou par crue d'eau, de chômer pendant une partie de l'année équivalente au moins à quatre mois.) Moulin à blé, à huile, à garance, à tan, etc., 6 fr. pour une seule paire de meules ou de cylindres ; 15 fr. pour deux paires de meules ou de cylindres ; 25 fr. pour trois paires de meules ou de cylindres ; 40 fr. pour quatre paires de meules ou de cylindres ; et 20 fr. par paire de meules ou de cylindres en sus, jusqu'au maximum de 500 fr. (Ce droit sera réduit de moitié pour les moulins à vent et pour les moulins à eau, qui, par manque ou par crue d'eau, sont forcés de chômer pendant une partie de l'année équivalente au moins à quatre mois.) Moulinier en soie, par cent tavelles, 10 fr., jusqu'au maximum de 200 fr.

Orthopédie (tenant un établissement d'), 100 fr.

Papeterie à la cuve, par cuve, 15 fr., jusqu'au maximum de 100 fr. (Ce droit sera réduit de moitié pour les papeteries à la cuve qui sont forcées, par manque ou par crue d'eau, de chômer pendant une partie de l'année équivalente au moins à quatre mois.) Papeterie à la mécanique, la première machine, 150 fr.; plus 50 fr. par chaque machine, jusqu'au maximum de 400 fr. Papiers peints pour tenture (fabrique de), pour 15 tables et au-dessous, 40 fr. ; et 5 fr. par table en sus, jusqu'au maximum de 500 fr.; un cylindre sera compté pour 25 tables. Porcelaines (manufacture de), 50 fr. par four jusqu'au maximum de 500 fr. Produits chimiques (manufacture de), ayant cinq ouvriers et au-dessous, 25 fr. ; et 5 fr. par chaque ouvrier en sus, jusqu'au maximum de 500 fr.

Quincaillerie (fabrique de), ayant dix ouvriers et au-dessous, 25 fr.; plus 5 fr. par chaque ouvrier en sus, jusqu'au maximum de 500 fr.

Scierie mécanique, par chaque cadre, 5 fr.; jusqu'au maximum de 150 fr. (Ce droit sera réduit de moitié pour les fabriques qui sont forcées, par manque ou par crue d'eau, de chômer pendant au moins quatre mois de l'année.) Scies (fabrique de), ayant dix ouvriers et au-dessous , 25 fr.; plus 5 fr. par ouvrier en sus, jusqu'au maximum de 500 fr. Sucre (raffinerie de), 500 fr. Sucre de betterave (fabrique de), pour chaque chaudière à déféquer contenant moins de dix hectolitres, 40 fr. ; pour chaque chaudière à déféquer contenant dix hectolitres et au-dessus, 60 fr., jusqu'au maximum de 400 fr.

Tannerie de cuirs forts et mous, par mètre cube de fosse ou de cuves, 25 centimes, jusqu'au maximum de 500 fr. Teinturier pour les fabricants et les marchands, 5 fr. par ouvrier, jusqu'au maximum de 500 fr. Transport de la guerre (entreprise générale du), 1,000 fr. Transport de la guerre (entreprise particulière de), pour une division militaire, 100 fr. Transport de la guerre (entreprise particulière pour gîtes d'étapes), 25 fr. Transports militaires (entreprise générale des),

1,000 fr. Transports des tabacs (entreprise générale de), 1,000 fr. Trefilerie en fer ou laiton, dix bobines et au-dessous, 25 fr. ; vingt bobines, 50 fr. ; et 4 fr. par chaque bobine en gros numéro, et 1 fr. par bobine d'un numéro fin, jusqu'au maximum de 400 fr.

Verrerie, 50 fr. par four de fusion, jusqu'au maximum de 500 fr. Vis (manufacture de), par procédés mécaniques, ayant dix ouvriers et au-dessous , 25 fr. ; plus 5 fr. par chaque ouvrier en sus, jusqu'au maximum de 500 fr.

QUATRIÈME PARTIE.

Droit proportionnel, au 20e : 1o Sur la maison d'habitation, 2o sur les magasins de vente complétement séparés de l'établissement; au 50e sur l'établissement industriel.

Apprêteur d'étoffes pour les fabriques, ayant cinq ouvriers et au-dessous, 25 fr. ; et 5 fr. par ouvrier en sus, jusqu'au maximum de 150 fr.

Cardes (manufacture de) par procédés mécaniques, 200 fr.

Filature de laine, de chanvre ou de lin, au-dessous de cinq cents broches, 15 fr. (non compris les métiers préparatoires); par chaque centaine de broches au-dessus de cinq cents, 5 fr., jusqu'au maximum de 400 fr. Filature de coton au-dessous de cinq cents broches, 10 fr. (non compris les métiers préparatoires); pour chaque centaine de broches au-dessus de cinq cents, 1 fr. 50 c., jusqu'au maximum de 400 fr. Fil de coton, chanvre, lin (fabrique de), pour un ou deux moulins, 15 fr.; plus 10 fr. par chaque moulin en sus, jusqu'au maximum de 400 fr.

Imprimeur d'étoffes, pour vingt-cinq tables et au-dessous , 50 fr. ; plus 5 fr. par table en sus, jusqu'au maximum de 400 fr. ; un rouleau comptera pour 25 tables, et quatre pérotines pour un rouleau.

Machines à vapeur, presses pour l'imprimerie, métiers mécaniques pour la filature et pour le tissage, et autres grandes machines (constructeur de), employant moins de vingt-cinq ouvriers, 100 fr. ; de cinquante ouvriers, 200 fr. ; plus de cinquante ouvriers, 500 fr. Métiers (fabrique à), pour les métiers réunis dans un corps de fabrique, jusqu'à cinq métiers, 10 fr. ; et 2 fr. 50 c en sus par métier, jusqu'au maximum de 400 fr. ; pour les métiers non réunis dans un corps de fabrique, 2 fr. 50 c. par chaque métier, jusqu'au maximum de 500 fr. (Ces droits seront réduits de moitié pour les fabricants à façons.)

Tissage mécanique, par chaque métier, 2 fr. 50 c., jusqu'au maximum de 400 fr.

CINQUIÈME PARTIE.

Droit proportionnel au 15e sur la maison d'habitation seulement.

Carrières souterraines ou à ciel ouvert (exploitant de), ayant moins de dix ouvriers, 25 fr. ; plus 5 fr. par chaque ouvrier en sus, jusqu'au maximum de 200 fr.; Cendres noires (extracteur de), ayant moins de dix ouvriers, 25 fr. ; plus 5 fr. par chaque ouvrier en sus, jusqu'au maximum de 200 fr. Chaussées et routes (entrepreneur de l'entretien des), 25 fr.

Desséchement (entrepreneur de travaux de), 50 fr. Dragueur-entrepreneur, 50 fr.

Fabrication dans les prisons, etc. (entrepreneur de), pour un atelier de vingt-cinq détenus et au-dessous, 25 fr.; par chaque détenu en sus, 50 c., jusqu'au maximum de 500 fr. Fabrication dans les dépôts de mendicité (entrepreneur de), moitié du droit ci-dessus fixé pour les entrepreneurs de fabrication dans les prisons. Fournisseur-général dans les prisons et dépôts de mendicité, à forfait et par tête de détenu, pour une population de trois cents détenus et au-dessous, 150 fr.; par cent détenus en sus, 25 fr., jusqu'au maximum de 500 fr. Flottage (entrepreneur de), 25 fr. Fruits sur bateaux (marchand de), 50 fr.

Gare (entrepreneur de), 100 fr.

Minières non concessibles (exploitant de), ayant moins de dix ouvriers, 25 fr.; plus 5 fr. par chaque ouvrier en sus, jusqu'au maximum de 200 fr. Madragues (fermier de), 25 fr.

Restaurateur sur coches et bateaux à vapeur, 50 fr.

Spectacle (directeur de) : 1º Le quart d'une représentation complète dans les théâtres où l'on joue tous les jours ; 2º le huitième si l'on ne joue pas tous les jours, et si la troupe est sédentaire; 3º si la troupe n'est pas sédentaire, c'est-à-dire si elle ne réside pas quatre mois consécutifs dans la même ville, 50 fr.

Tourbière (exploitant de), ayant moins de dix ouvriers, 25 fr. ; plus 5 fr. par chaque ouvrier en sus, jusqu'au maximum de 200 fr. ; Travaux publics (entrepreneur de), 50 fr.

TABLEAU D.

EXCEPTIONS à la règle générale qui fixe le droit proportionnel au 20ᵉ de la valeur locative.

Le droit proportionnel est fixé au 15ᵉ : 1º Pour les patentables compris dans la première classe du tableau A ; 2º pour les patentables compris dans le tableau B; 5º pour les patentables compris dans la première partie du tableau C.

Il est également fixé au 15ᵉ, mais sur la maison d'habitation seulement, pour les patentables compris dans la cinquième partie du tableau C.

Le droit proportionnel est fixé au 25ᵉ de la valeur locative des établissements industriels compris dans la deuxième partie du tableau C.

Au 30ᵉ de la valeur locative des locaux servant à l'exercice des professions ci-après désignées :

Marchands de bois en gros, compris dans la première classe du tableau A. Marchands de charbons de bois et de charbon de terre, compris dans la première et la deuxième classe du tableau A. Marchands de vins en gros. Commissionnaires entrepositaires de vins. Marchands d'huiles en gros.

Au 40ᵉ de la valeur locative : 1º De tous les locaux occupés par les patentables des septième et huitième classes du tableau A, mais seulement dans les communes d'une population de 20,000 âmes et au-dessus ; 2º des établissements industriels compris dans la troisième partie du tableau C ; 5º des locaux servant à l'exercice des professions ci-après désignées :

Entrepreneur de roulage.

Fabricant de gaz pour l'éclairage.

Imprimeur-typographe, employant des presses mécaniques.

Individus tenant des maisons particulières d'accouchement, de santé, de retraite, des établissements d'orthopédie. Individus tenant un manége d'équitation, une école de natation, un jardin public, un parc à charrettes.

Loueur en garni.

Maître d'hôtel garni.

Magasinier.

Maître de jeu de paume.

Au cinquantième de la valeur locative des établissements industriels compris dans la quatrième partie du tableau C.

Paient le droit proportionnel au 20ᵉ, sur les maisons d'habitation seulement : Les concessionnaires, exploitants ou fermiers des droits d'emmagasinage dans un entrepôt ; les adjudicataires ou fermiers des droits de halles ou marchés ; les adjudicataires des droits de jaugeage des liquides ; les fermiers des droits de pesage et de mesurage ; les fournisseurs d'objets de consommation, dans les cercles ou sociétés ; les directeurs de diorama, panorama, géorama, néorama ; les fermiers de fontaines publiques ; les adjudicataires des droits d'octroi ; les concessionnaires, exploitants ou fermiers de péage sur un pont ; les fermiers de bacs ; les concessionnaires ou fermiers d'abbattoir public.

Sont exempts de tout droit proportionnel, les directeurs des monnaies, les patentables des septième et huitième classes, résidant dans les communes d'une population inférieure à 20,000 ames, et les fabricants à métiers, ayant moins de dix métiers, et ne travaillant qu'à façon.

TABLE ALPHABÉTIQUE.

NOTA. Le chiffre indique la page.

Cannes (fabricant de), 49; à façon, 52; marchand en boutique, 46.

Cannetille (fabricant de), 49.

Cantinier aux armées, 15; dans les prisons, etc., 46.

Caoutchouc (objets non confectionnés en): fabricant ou marchand, 41.

Caparaçonnier, 46; à façon, 52.

Capitaines de navires ne naviguant pas pour leur compte, 15.

Capsules métalliques (fabrique de), 57; pour boucher les bouteilles, fabricant, 46.

Caractères d'imprimerie (fondeur de), 59; à façon, 49; graveur, 49; mobiles en métal, fabricant, 45; en bois ou terre cuite, fabricant et marchand, 49.

Carcasses de parapluies (fabricant de), 49; à façon, 52; pour modes, fabricant, 52.

Cardes (fabricant de): par procédés mécaniques, 62; par les procédés ordinaires, 46; à façon, 52.

Cardeur de laine, coton, etc., 49.

Carreaux à carreler (marchand de), 46; carreleur, 49.

Carrés de montres (fabricant de), 46; à façon, 52.

Carrières (exploitant de), 62.

Carrioles (loueur de), 49.

Carrossier (fabricant), 58; raccommodeur, 45.

Cartes de géographie (marchand de), 46.

Cartier, 41.

Carton fin, 45; pour bureaux, 46; à façon, 52; carton-pierre, 59; cartonnage fabrique de)), 59.

Casquettes (fabricant de), 46; à façon, 52.

Castine (marchand de), 52.

Ceinturonnier pour son compte, 49; à façon, 52.

Cendres (laveur de), 46; marchand, 49; gravelées, fabrique, 57; noires végétales, extracteur, 62.

Cercles ou cerceaux (marchand), 46.

Cercles ou sociétés (objets de consommation dans les), fournisseur, 45 et 64.

Cerclier, 52.

Chaînes de fil, laine ou coton (marchand de), 46.

Chaises communes (marchand et fabricant de), 52; fines, 46; loueur, pour un prix de ferme de 2,000 fr. et au-dessus, 46; de 500 à 2,000 fr., 49; au-dessous de 500 fr., 52.

Chamoiseur pour son compte, 46; à façon, 52.

Chandelle (fabrique de), 57.

Chandeliers en fer et en cuivre (fabricant de), 46; à façon, 52.

Changeur de monnaies, 57.

Chanvre (marchand de), en détail, 46.

Chapeaux de paille (apprêteur de), 45; marchand en gros, 57; en demi-gros, 58; en détail, 45; de feutre et de soie, fabricant, 44; vieux, marchand en boutique, 52.

Chapellerie grosse (fabricant de), 46; en fin, 45; matières premières (marchand de), 57; fournitures (marchand de), 45.

Chapelets (fabricant de), 49.

Charbon de bois (marchand de) en gros, 57 et 63; en demi-gros, 45; en détail, 52; de terre épurée ou non, en gros, 58 et 63; en demi-gros, 45; en détail, 52.

Charbonnier, voiturier, 52.

Charcutier, 44; revendeur, 46.

Charnières en fer, etc., par les procédés ordinaires, fabricant pour son compte, 49; à façon, 52.

Charpentier, 46; entrepreneur-fournisseur, 41.

Charrée (marchand de), 46.

Charrettes (loueur de), 52.

Charron, 46.

Chasse (marchand d'ustensiles pour la), 45.

Châsses de lunettes (fabricant de), 46; à façon, 52.

Châsublier (marchand), 41; à façon, 49.

Chaudières en cuivre (fabricant de), 44.

Chaudronnerie pour appareils à vapeur (fabrique de), 59.

Chaudronnier (marchand), 45; rhabilleur, 49.

Chaussées et routes (entrepreneur de l'entretien des), 62.

Chaussons en lisières et autres (fabricant de), 52; marchand, 49.

Chaux (fabrique de), 57; marchand, 46.

Farines (marchand de) en gros, 44 ; en détail, 47.

Faulx (fabrique de), 59.

Fécules de pommes de terre, 58.

Fer en barres (marchand de) : en gros, 57 ; en détail, 44 ; en meubles, 40.

Ferblantier, 47 ; en chambre, 50 ; fabricant, 59 ; lampiste, 45.

Ferrailleur, 50.

Ferronnier, 45 ; fabricant, 59.

Feuilles de blé de Turquie (marchand de), 55.

Feutre pour la papeterie, les navires, etc. (marchand de), 47.

Fiacres (loueur de), avec plusieurs voitures, 45 ; avec une seule, 50.

Figures en cire (mouleur de), à façon, 55.

Fil (fabrique de), 62 ; de chanvre ou de lin (marchand de) ; en détail, 44.

Filagraniste, 47.

Filasse de nerfs (fabricant de), 47 ; à façon, 55.

Filature, 62.

Filets pour la pêche, la chasse, etc. (fabricant de), 47.

Fileur (entrepreneur), 47.

Filotier, 47.

Finisseur en horlogerie, 50.

Fleurets et filoselle : en gros, 57 ; en demi-gros, 59 ; en détail, 44.

Fleurs artificielles, 44 (marchand d'apprêts et papier pour), 47 ; fleuriste pour le compte des marchands, 50.

Fleurs d'oranger (marchand de), 47.

Flottage (entrepreneur de), 65.

Fonctionnaires publics, 15.

Fondeur : d'or et d'argent, 40 ; en fer, bronze ou cuivre et entrepreneur de fonderie, 60 ; avec creusets ordinaires, 44 ; d'étain, de plomb, ou fonte de chasse, 47 ; de brins de baleine, 50.

Fontaines à filtrer (fabricant et marchand de), 47 ; fermier de fontaines publiques, 47 et 64 ; fondeur et foreur de puits artésien, 58 ; fontaines en grès à sable, 50.

Fonte ouvragée (marchand de), 44.

Forces (fabricant de), 44 ; à façon, 50.

Forêts (fabricant de), 50.

Forges de petites pièces, 44 ; manufacture, 60.

Formaire pour la fabrication de papier, 47 ; à façon, 55.

Formes à sucre (fabrique de), 58 ; formier, 50.

Formules de patente, timbre, formes, 51.

Fosses mobiles inodores (entrepreneur de), 41.

Fouleur de bas, 47 ; de feutre, 47.

Foulonnier, 44.

Fouets et cravaches (fabricant ou marchand de), 50 ; à façon, 55.

Fourbisseur (marchand), 47.

Fournaliste, 47.

Fourneaux potagers (fabricant et marchand de), 47.

Fournier, 50.

Fourrages par bateaux ou voitures, 44 ; débitant, 47.

Fournisseur d'objets aux troupes, 57 ; dans les prisons, etc., 65.

Fourreaux pour sabres, etc. (fabricant de), pour son compte, 50 ; à façon, 55.

Fourreur, 41.

Frangier (marchand), 44 ; fabricant, 50 ; à façon, 55.

Frappeur de gaze, 55.

Fretin (marchand), 50.

Fripier, 47.

Friseur d'étoffes de laine, 50.

Friture en boutique, 50.

Fromages secs : en gros, 57 ; en demi-gros, 44 ; en détail, 47 ; de pâte grasse, en gros, 44 ; en détail, 47 ;

Fruits secs : en gros, 57 ; en demi-gros, 40 ; en détail, 47 ; pour boissons, 47, sur bateaux, 65.

Fruitier, 50 ; oranger, 47.

Fumiste, 47.

Fuseaux (fabricant), 55.

Gabarre (maître de), 50.

Gaînier (fabricant), pour son compte, 50 ; à façon, 55.

Galettes, gauffres, etc. (marchand de), en boutique, 50.

Galochier, 50.

Galonnier (marchand), 44 ; fabricant, 50 ; à façon, 55.

Gantier (marchand et fabricant), 40 ; marchand, 44.

bricant pour son compte, 44 ; à façon, 54.

Kaolin et pétenzé (marchand de), 47 ;
usine à pulvériser, 60.

Laboureurs, 15.

Laine : brute ou lavée (marchand de), en
gros, 57 ; en détail, 42 ; filée ou peignée (marchand en gros de), 57 ; en
demi-gros, 59 ; en détail, 42 ; laveur,
44 ; laineur, 42.

Lait d'ânesse (marchand de), 54.

Lamier-rotier, pour son compte, 54 ; à
façon, 55 ; par procédés mécaniques,
60.

Laminerie (entrepreneur de), 60 ; par les
procédés ordinaires, 47.

Lampiste, 44.

Langueyeur de porcs, 55.

Lanternier, 47.

Lapidaires en pierres fausses, avec magasin, 44 ; à façon, 54.

Lattes (marchand de) en gros, 40 ; en
détail, 47.

Laveur de laine, 44.

Lavoir public (tenant), 47.

Layetier, 47 ; emballeur, 44.

Layettes d'enfants (marchand de), 54.

Légumes secs : en gros, 42 ; en détail, 54.

Levure ou levain (marchand de), 47.

Libraire, 44 ; libraire-éditeur, 40.

Lie-de-vin (marchand de), 54.

Liége brut : en gros, 57 ; en détail, 44.

Limailles (marchand de), 55.

Limes (fabrique de), 60 ; tailleur de, 55.

Limonadier non-glacier, 42.

Lin ou chanvre (fabricant de), 54 ; marchand en gros, 57 ; en demi-gros, 59 ;
en détail, 47.

Linger, 47 ; fournisseur, 40 ; loueur, 47.

Linge vieux (marchand de), 54.

Liquidation d'une maison de commerce
s'oppose à ce que la patente soit exigée pour les années postérieures ; le
liquidateur y est imposé s'il se livre à
des actes de commerce, 28.

Liqueurs (marchand de) : en gros, 57 ; en
détail, 42 ; fabricant, 40 ; débitant,
54.

Lithocromies (marchand de), 47 ; litho-
crome-imprimeur, 47.

Lithographies (marchand de), 47.

Lithophanies pour stores (fabricant et
marchand de), 47.

Lits militaires (entreprise générale de),
64.

Livrets pour les batteurs d'or et d'argent
(fabricant de), 55.

Logeur, 54 ; loueur en garni, 47 et 64 ;
s'il ne loue qu'une chambre, 55 et
64, accidentellement, 15.

Loueur de livres, 54.

Loueur de voitures suspendues, 44 ; de
tableaux et dessins, 47.

Lunetier (marchand), 44 ; fabricant,
47 ; verres de lunettes (fabricant
pour), 54.

Lustres (fabricant et marchand de), 42.

Lustreur de fourrures, 47.

Lutherie, fournitures (marchand de), 44 ;
fabricant, 44 ; à façon, 54.

Machines (constructeur de), 62.

Maçonnerie (entrepreneur de), 42 ; maître, 47.

Madragues (fermier de), 65.

Magasinier, 44 et 64.

Magasins de plusieurs espèces de marchandises, 57.

Maison particulière de santé, 64 ; de
retraite, 47.

Maître de barque, 44 ; de pension, 15.

Manége d'équitation, 42.

Marais salants, 15 et 18.

Marayeur-expéditeur, 64.

Marbre (marchand de) en gros, 40 ;
marbrier, 47, objets en marbre factice (fabricant d'), 47 ; marbreur sur
tranches, 54.

Marchand : forain, 58 ; ambulant, 15 ;
ayant un état permanent, 19 ; en
gros, en demi-gros, en détail, définition, 56.

Marchande à la toilette, 54.

Maréchal-expert, 44 ; ferrant, 47.

Mari et femme, même séparés de biens,
ne doivent qu'une patente, à moins
qu'ils n'aient des établissements distincts, 20.

Marrons, (marchand-expéditeur de), 44 ;
en détail, 55.

Maroquin (fabricant de), 44 ; à façon,
54 ; avec machine à vapeur, 64.

Martinets (maître de), 64.

Masques (fabricant et marchand de), 47.

TABLE DES MATIÈRES.

CONTENUES DANS LE CODE DES PATENTES.

FIN.

Melun. — Imprimerie de DESRUES.